BEI UNS ZUHAUSE

Wir sagten damals nicht ,,Aufwiedersehn'' –
wie dürfte Treibholz je auf Heimkehr hoffen! –
Wir ließen Tür und Tor sperrangeloffen
und alle Schränke unverschlossen stehn.

Wir blickten nicht zurück durchs Dämmergraun.
Fremd lag im Frost das Land, durch das wir treckten.
Vielleicht, daß sich die Birken höher reckten
am Gartengraben, um uns nachzuschaun.

Vielleicht bot unser Giebel unverwandt
dem Schneesturm Trotz, – ihr wißt schon, was ich meine –
Bei uns zuhause reden auch die Steine,
und reden deutsch. Denn Steine halten stand.

Das Damals starb. Wir haben uns gefügt,
erwarben wieder, was allhier erwerblich.
Und doch, glaubt, mir: Geliebtes bleibt unsterblich.
wenn man sich nicht mit schalem Trost begnügt.

Jahrzehnte sterben. Nächte nahn und gehn.
Bei uns zuhause reden auch die Bäume –
ich hör sie deutlich, – glaubt nicht, daß ich träume –
sie sagen immerzu: ,,Aufwiedersehn''

Gertrud von den Brincken

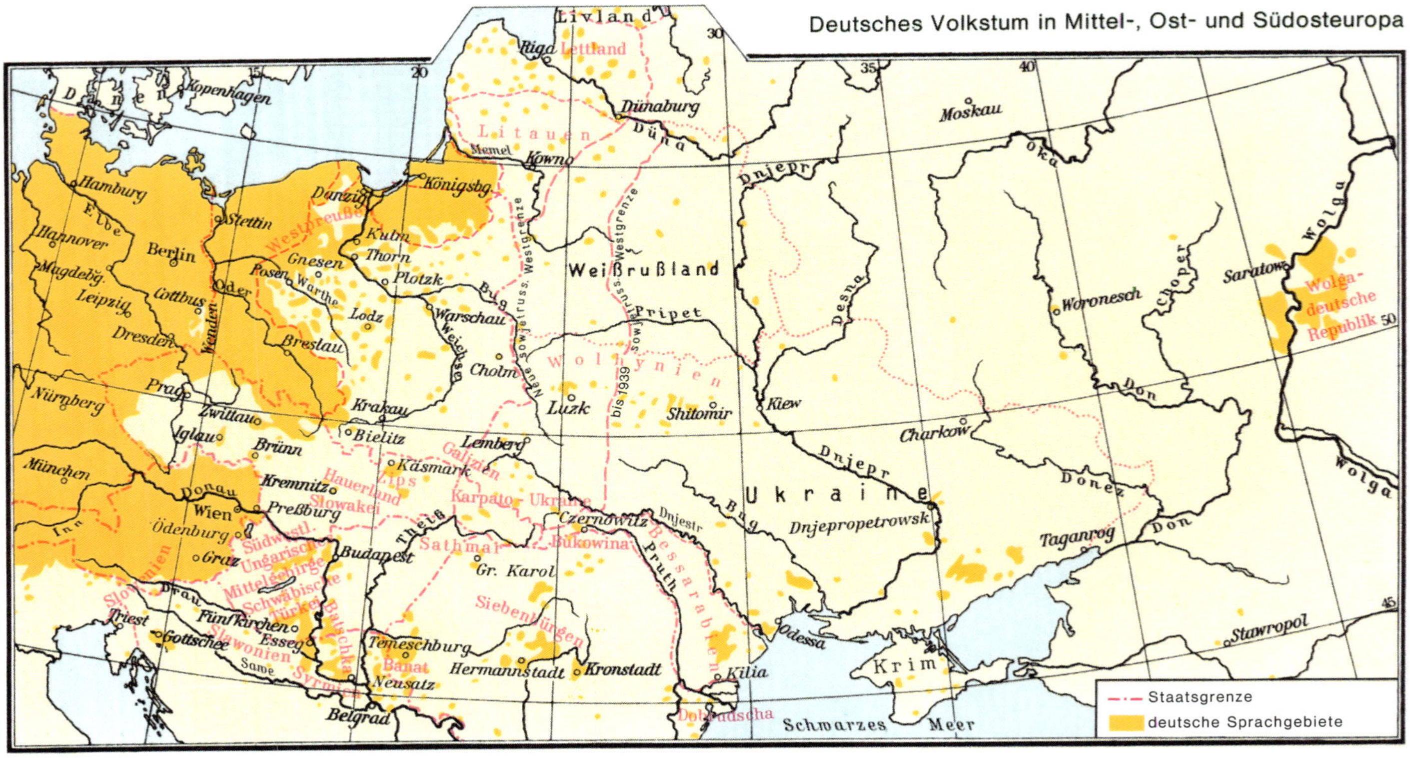

Vorwort

Niemand kann eine bessere Brücke zu den östlichen Nachbarn bilden als die deutschen Vertriebenen und deren Nachkommen, die die Geschichte, das Denken und Fühlen unserer östlichen Nachbarn am ehesten kennen und verstehen und deshalb auch Lösungsmöglichkeiten anbieten, wie ihre Heimatgebiete – unter dem Primat von Freiheit und Recht – die Brückenfunktion ausüben können, die sie über Jahrhunderte hinweg gehabt haben. Die heute von wirtschaftlichem Niedergang und Umweltkatastrophen belasteten Heimatgebiete der Vertriebenen bieten viel Raum für Gemeinsamkeit – im Wiederaufbau und Zusammenleben aller Menschen dort. Im Wunsch und Bemühen nach Gemeinsamkeit gilt es, reale Möglichkeiten zu erkennen.

Dazu kann der in einer Neuauflage vorliegende Ostdeutsche Atlas einen hilfreichen Beitrag leisten, indem er historische, geographische und kulturelle Gegebenheiten und Entwicklungen aufzeigt. In ihm werden die politischen Veränderungen der Jahre 1989 bis 1991 nicht nur in Deutschland, sondern auch in den Staaten des ehemaligen Warschauer Paktes bereits voll berücksichtigt.

Die Vision der deutschen Heimatvertriebenen ist, wie vor über vierzig Jahren in der Charta bekundet, die Schaffung eines geeinten Europa, in dem die Völker ohne Furcht und Zwang leben können und in dem das Recht auf die Heimat als ein Grundrecht des Menschen anerkannt und verwirklicht wird.
Bonn, im September 1991

Rudolf Wollner

ISBN 3-517-01070-8

Auflage 1991

OSTDEUTSCHLAND

und die deutschen Siedlungsgebiete in Ost- und Südosteuropa

in Karte, Bild und Wort

Bearbeitet von F. Dörr, W. Kerl und Osmipreß GmbH

SÜDWEST VERLAG MÜNCHEN

Inhaltsverzeichnis

Bildnachweis: Bildarchiv Jürgens, Köln 1; Bildarchiv Preußischer Kulturbesitz, Berlin 3; Deutsche Lichtbildgesellschaft, Berlin 1; Deutscher Kunstverlag, München 1; Foto Marburg, Marburg/L. 2; H. Hartz, Hamburg 2; Herder-Institut, Marburg 1; Historia-Photo, Hamburg 4; Landesbildstelle Hessen, Frankfurt 2; Landsmannschaft Ostpreußen 2; Mader, Bamberg 2; Plan + Karte, Münster 4; Hans Saebens, Worpswede 1; Dr. Schulz, Herford 1; Süddeutscher Verlag, München 7; Dr. Wolff & Tritschler, Frankfurt 1; Alle übrigen Bilder: Archiv des Paul List Verlages, München. Karten: Paul List Verlag, München. Zeichnungen: Hans Schön, Offenbach

Die Natur des Landes – geographische Grundlagen

Urstromlandschaft: Zusammenschluß von Netze (links) und Warthe (rechts). Auf dem Hügel im Vordergrund stand die Burg Zantoch, die dem Schutz des Flußübergangs diente und oft zwischen pommerschem und polnischem Besitz wechselte.

Das norddeutsche Tiefland

Der geschlossene deutsche Siedlungsraum im Osten umfaßte Pommern, Danzig, Ostpreußen, Ostbrandenburg, Schlesien, das Sudetenland, größere Teile Westpreußens und Posens. Darüber hinaus gab es zahlreiche deutsche Volkstumsinseln in der Weite des ostpreußischen Raumes und in Südosteuropa. So vielfältig wie Mundart, Sitte und Brauchtum der deutschen Stämme des Ostens sind, so verschiedenartig sind auch die natürlichen Verhältnisse ihrer weit verstreuten Siedlungsgebiete.

Hochgebirge, Mittelgebirge, Tiefland und Meeresküsten bestimmen das Landschaftsbild dieses Raumes, in dem das durch die Eiszeit entscheidend geformte Flachland vorherrscht.

Im Norddeutschen Tiefland gibt es nur wenige Zeugen aus älterer erdgeschichtlicher Zeit. Dieses Gebiet verdankt seine jetzige Oberflächengestalt den weitgreifenden Vorgängen im Eiszeitalter, das annähernd 3/4 Millionen Jahre gedauert hat. Die für das norddeutsche Gebiet erkennbaren drei Eiszeiten mit den dazwischenliegenden Warmzeiten werden in ihrer Gesamtdauer auf rund 600000 Jahre geschätzt. Am größten war die Ausdehnung des Inlandeises in der zweiten Eiszeit. Damals lag ganz Norddeutschland unter einer geschlossenen Eisdecke von 1000 bis 2000 Metern Dicke, die sich von Skandinavien her ausgedehnt hatte. Sie war erst an der deutschen Mittelgebirgsschwelle zum Stillstand gekommen. Dabei wurden große Mengen zerriebenen Gesteinsmaterials und mächtige Felsblöcke bis in das norddeutsche Flachland verfrachtet. Diese Blöcke, die man in der norddeutschen Landschaft findet (Findlinge), haben sich gleichsam dorthin verirrt („erratische Blöcke“). In den gesteinsarmen deutschen Ostprovinzen wurden solche gewaltigen Steine gern zum Straßen- und Denkmalsbau verwendet.

Da, wo die Eismassen zeitweise zum Stillstand kamen, blieben zu Hügeln unregelmäßig aufgeschüttete Stein- und Schuttmassen liegen *(Endmoränen)*. Bei erneutem Vordringen des Eises wurden diese Moränenzüge wieder grob eingeebnet. Als dann der letzte Eisvorstoß vor rund 20 000 Jahren endgültig zum Stillstand kam, blieb das unruhige Relief der *kuppigen Grund- und Endmoränenlandschaft* zurück. Inmitten vieler kleinerer und größerer Waldseen bis zu einer Ausdehnung von über 100 qkm (Dratzigsee 18 qkm, Mauersee 104 qkm, Spirdingsee 119 qkm) finden sich hier auch die höchsten Erhebungen Norddeutschlands: Schimmritzberg 256 m, Turmberg 331 m, Kernsdorfer Höhe 313 m.

Diese Erhebungen sind ein Teil des großen *Baltischen Höhenrückens,* der sich von Schleswig-Holstein über Mecklenburg und Pommern bis nach Ostpreußen hinein erstreckt und die Stillstandslage der letzten Vereisung anzeigt. Hier liegen die landschaftlich vielleicht schönsten Teile Norddeutschlands. Hügel, Seen und Wälder bilden eine liebliche Einheit und schufen die ,,Masurische Schweiz“ zwischen Lötzen und Sensburg und die ,,Pommersche Schweiz“, um den Bullenberg bei Bad Polzin. Eine Eisrandlage einer früheren Vereisung kennzeichnet der *Südliche Höhenrücken,* der sich von den

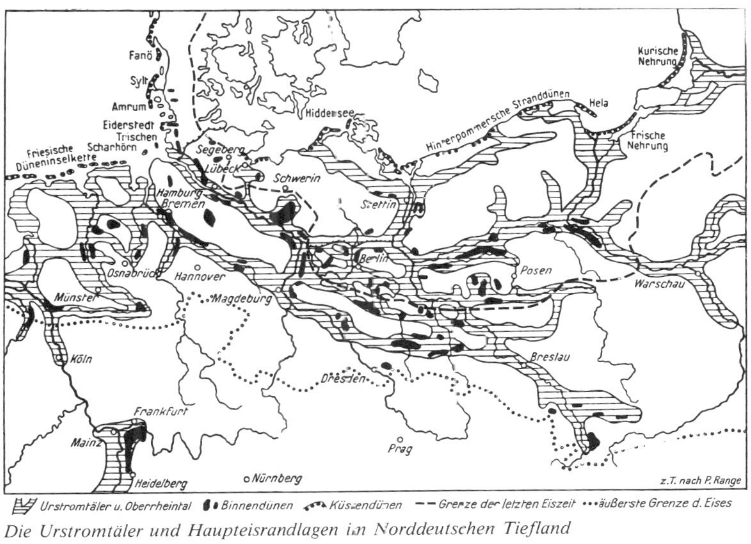

Die Urstromtäler und Haupteisrandlagen im Norddeutschen Tiefland

Deutschland mit Nachbarländern und westliches Osteuropa

Höhenschichten

m

3000

1500

1000

500

200

100

0

-200

-2000

m

Meerestiefen

unter dem Meeresspiegel

Sumpfgebiete

Watten

Marschen

Staatengrenze

Grenze Deutschlands 1937

Grenze des Memellandes

polnische Ostgrenze bis 1939

SSR Grenze

Eisenbahnen	Tunnel	**HAMBURG** Orte über 1 Mill. Einw.	Eisenach Orte mit 50 000 – 100 000 Einw.
Fähren	Paß	**Frankfurt** Ort mit 500 000 – 1 Mill. Einw.	*Passau* Orte mit 20 000 – 50 000 Einw.
Autobahnen	Burg Schloß	Nürnberg Orte mit 100 000 – 500 000 Einw.	*Badgastein* Orte unter 20 000 Einw.

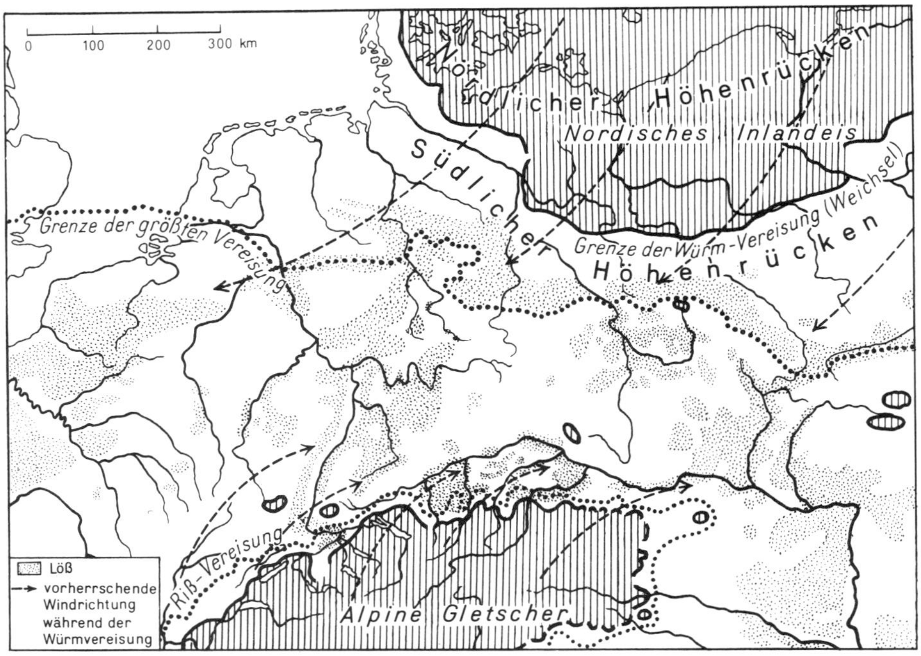

Vereisungsgrenzen und Lößablagerungen in Mitteleuropa

Elbhöhen bei Hamburg-Harburg über die nördliche Lüneburger und die Letzlinger Heide (in der Altmark) zum Fläming und Lausitzer Grenzwall zu den Muskauer Höhen weiter nach Osten hin fortsetzt. Kennzeichnend für das Gesicht der nordostdeutschen Landschaft sind weiter die *Urstromtäler,* ausgedehnte Talniederungen, die das Land von Ostsüdosten her durchziehen. Sie waren die Hauptsammeladern der vom Gletscherrand abfließenden Schmelzwässer. Bei ihrem Austritt aus dem jeweiligen „Gletschertor" schütteten diese Schmelzwässer – noch vor ihrer Einmündung in das Urstromland – flache, rasch in die Breite wachsende Kegel aus Sanden und Kiesen auf, die sogenannten *Sander*. Weil das Eis von Süden nach Norden abtaute, konnte das Schmelzwasser zunächst nur von Osten nach Westen in die Nordsee abfließen. Erst als die heutigen Mündungsgebiete von Oder und Weichsel völlig vom Eis befreit waren, brachen beide Ströme nach Norden durch.

Die zuletzt eisfrei gewordene Zone, die zwischen dem Baltischen Höhenrücken und der Ostsee gelegene flache *Grundmoränenlandschaft*, verdankt den eiszeitlichen Geschiebelehmen eine größere Fruchtbarkeit.

Im Gegensatz zur Nordsee ist die Ostsee ein ganz junges Gebilde, das erst im Zusammenhang mit dem Eiszeitalter entstanden ist, und zwar als Eisstausee, der sich aus den Schmelzwässern des nordwärts zurückweichenden Inlandeises bildete. Diese ,,Ur-Ostsee" erhielt durch Senkungen des Landes Verbindungen zur Nordsee und zum Weißen Meer.

Später hob sich das von ungeheurem Druck der mächtigen Eisdecke befreite Land wieder; die Ostsee schrumpfte zu einem See zusammen, um sich dann bei einer nachfolgenden Senkung des norddeutschen Küstensaumes wieder zu vergrößern. Das Meer überflutete hierbei die Grund- und Endmoränenlandschaft. So entstanden die größeren Haffe in Pommern und Ostpreußen. Durch stetiges langsames Vorrücken des Strand- und Dünensandes auf der Halbinsel Hela bildet sich auch in der Danziger Bucht ein neues Haff.

Eiszeitliche Moränenlandschaft in Masuren (Ostpreußen)

Das Waldenburger Bergland am Rande des Böhmischen Beckens. Blick vom Heidelberg zu den spärlichen Resten des Hochwaldes, der etwa seit 1850 als Grubenholz und für die Industrie abgeholzt wurde

Die Mittelgebirgslandschaften

Die das Böhmische Becken hufeisenförmig umfassenden Züge der Sudeten, des Erzgebirges, Fichtelgebirges, Oberpfälzer Waldes und Böhmerwaldes sind *alte Mittelgebirge*. Hier tritt das Urgebirge zutage. Zwar ist es nicht die ursprüngliche Erstarrungskruste der Erde, wohl aber der älteste bekannte Untergrund späterer Ablagerungen. Lange Zeiten der Meeresüberflutung mit mächtigen Ablagerungsschichten der verschiedensten Art wechseln ab mit gewaltigen Gebirgsauffaltungen, Hebungen und Senkungen, die den festen Untergrund zerbrechen und riesige Schollen über- und untereinander schieben. An den Bruchrändern quillt glutflüssige Lava aus dem Erdinnern empor. Und Hand in Hand mit jeder Neubildung geht ihre gleichzeitige Zerstörung durch Wasser, Wind und Wetter, die wiederum neues Material für neue Schichten liefert.

Die letzen Veränderungen der Oberflächenformen dieses Gebietes werden dann durch kleinere Hängegletscher der Eiszeit geschaffen. Ihr Werk sind die lehnsesselartigen Vertiefungen (Felsnischen), die Kare des Riesengebirges und des Böhmerwaldes.

Das Klima

Deutschland und mit ihm die Deutschen Ostgebiete liegen im Bereich des *gemäßigten Klimas*, gekennzeichnet durch die Unbeständigkeit in den jahreszeitlichen, ja sogar den täglichen Witterungsverhältnissen. Diese Unbeständigkeit ist am ausgeprägtesten im Westen, wo ein feucht-gemäßigtes Klima herrscht – mit verhältnismäßig milden Wintern und kühlen Sommern. Je weiter nach Osten, desto größer werden die *Temperaturunterschiede* zwischen dem wärmsten und dem kältesten Monat des Jahres, desto geringer wird die mittlere Jahrestemperatur. Das Kontinental- oder Landklima kündigt sich an, mit trockenen warmen Sommern und schneereichen, frostklirrenden Wintern. Auch die Höhe der *Niederschläge* wird gegen Osten zu geringer (in Westfalen 800 mm Niederschlag, in den Ostgebieten 500 bis 600 mm). Bewölkung und Luftfeuchtigkeit sind im Westen Deutschlands stärker als im Osten. Damit hängt zusammen, daß der Osten mehr tägliche Sonnenstunden hat als der Westen.

Den Übergang vom wintermilden See- zum winterkalten Landklima zeigen besonders deutlich die beiden untenstehenden Skizzen von der Dauer der Eissperre in der Ostsee und auf den deutschen Flüssen.

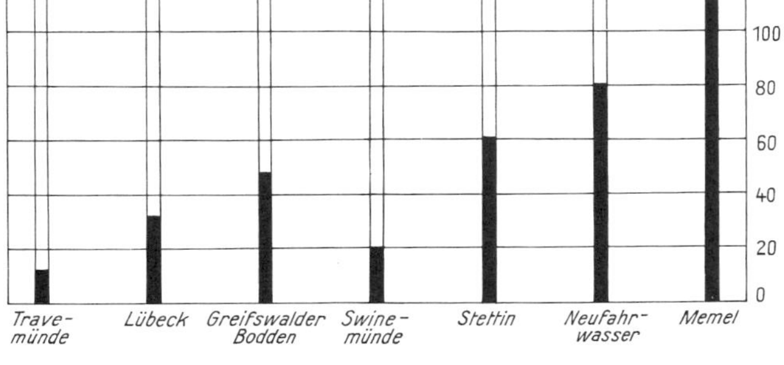

Dauer der Eissperre der Ostsee

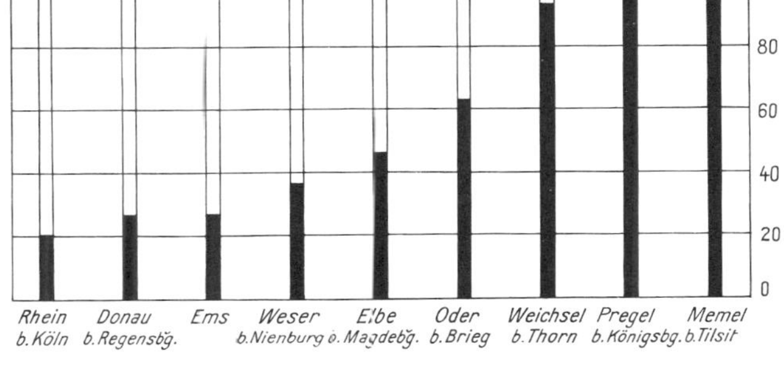

Dauer der Eisdecke der Flüsse von Westen nach Osten

Völker im Spannungsfeld der Geschichte

Germanen und Slawen vor der Völkerwanderung

Die geschichtliche Entwicklung des Deutschtums im ostmitteleuropäischen Raum kann nicht isoliert betrachtet werden. Sie ist eng verknüpft mit der Geschichte der Slawen, insbesondere der Polen. Früher durch einen breiten Raum getrennt, rückten sich Germanen und Slawen im Laufe vieler Jahrhunderte immer näher. Um 700 v. Chr. hatten die Germanen, deren Urheimat in den Ländern um die westliche Ostsee lag, den Küstenstreifen bis zur Weichsel hin besiedelt. Um Christi Geburt saßen an der ostpommerschen Küste die *Rugier*, weiter südlich die über Bornholm (= Burgundarholm) gekommenen *Burgunder*, an der unteren Weichsel die *Goten* und *Gepiden*. Die Wandalen hatten sich südwärts bis an den Oberlauf und in das Quellgebiet der Oder vorgeschoben. Die ihnen stammverwandten *Hasdingen* gelangten über die Karpaten nach Oberungarn. In Böhmen und Mähren siedelten die *Markomannen* und *Quaden*. Sie wurden zur Zeit des Kaisers Augustus (30 v. Chr. bis 14. n. Chr.) Nachbarn der Römer. Die Gepiden gelangten in den folgenden Jahrhunderten bis nach Siebenbürgen, und die Goten erreichten, an den um die Pripjatsümpfe siedelnden Urslawen vorbeiziehend, zwischen der Mündung des Pruth und Dnjepr das Schwarze Meer.

Völkerwanderung und Grenzkämpfe

Hier traf sie am Ende des vierten Jahrhunderts der Stoß der Hunnen. Er löste die *germanische Völkerwanderung* aus, in deren Verlauf die ostgermanischen Stämme den Raum östlich der Elbe-Saale-Linie größtenteils aufgaben. In ihn stießen vom 6. Jahrhundert ab langsam die Slawen vor. An der ostpommerschen Küste ließen sich die *Pomoranen* (= Meeresanwohner) nieder, westlich des Weichseldeltas die *Kaschuben*. Südlich von beiden siedelten die *Polanen* (= Feldbewohner).

Die in Schlesien einsickernden Slawen übernahmen von den germanischen Vorbewohnern, den wandalischen Silingern, den Namen *Slenzanen*. Die zurückgebliebenen Reste germanischer Bevölkerung setzten den Slawen keinen Widerstand entgegen und gingen in der Folgezeit im ethnischen Slawentum auf. Als die Slawen die Siedlungsräume der westgermanischen Stämme erreicht hatten, wurde ihrem Vordringen Halt geboten, und es kam zu jahrhundertelangen Auseinandersetzungen an den Siedlungsgrenzen zwischen den Sachsen, Thüringern, Franken und Bayern auf der einen, den Obotriten, Wilzen, Wenden, Sorben, Mainslawen und Tschechen auf der anderen Seite. Die detuschen Könige und Kaiser (Heinrich I., Otto I.) sicherten und erweiterten die Grenzen des Reichs durch die Errichtung von Marken und Bistümern. Auf der anderen Seite gelangten auch die Slawen um 1000 zu festeren staatlichen Ordnungen und durch Annahme des Christentums zum Anschluß an die Kultur des Abendlandes.

Die Christianisierung Mitteleuropas

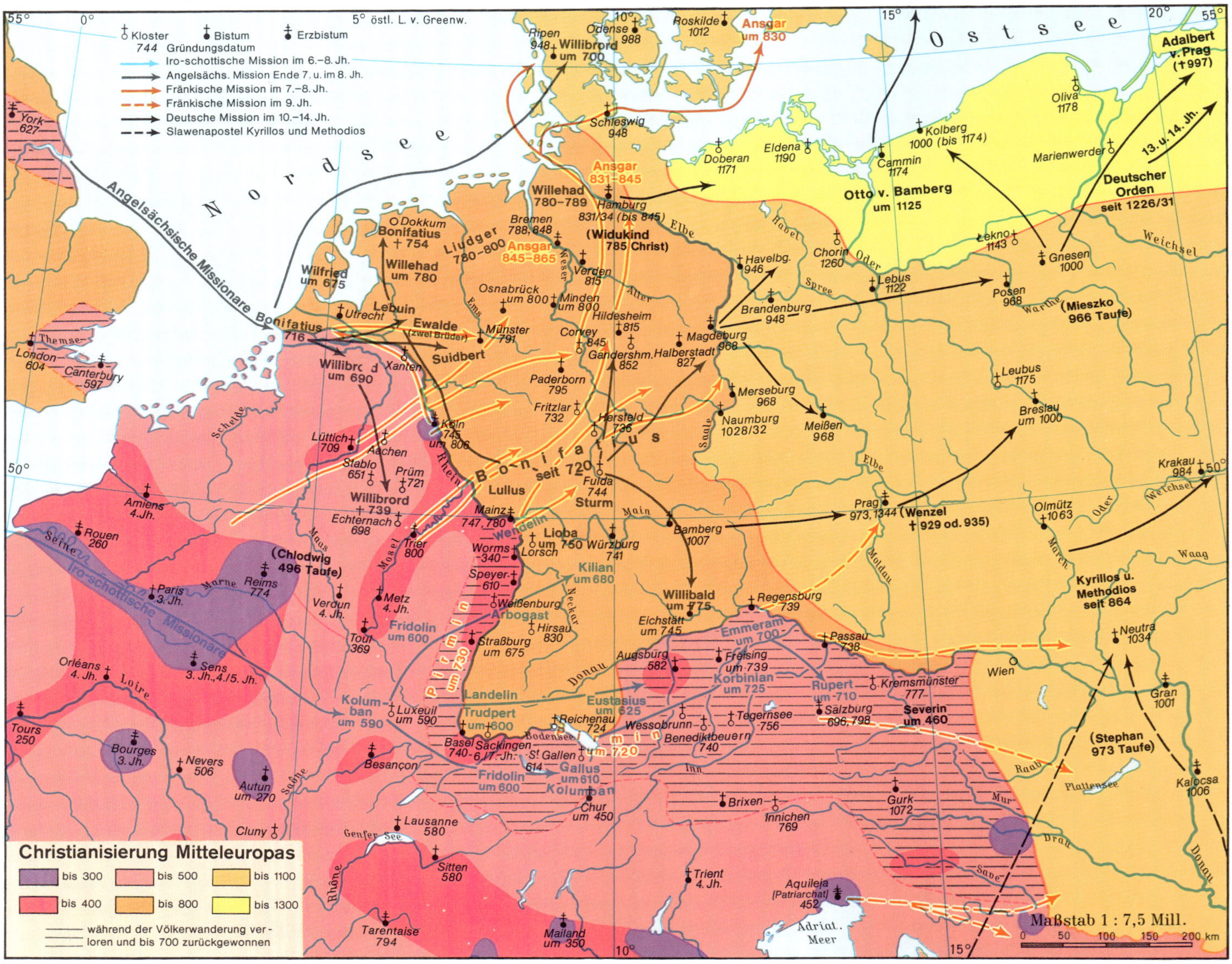

Ritter des Deutschen Ordens verbreiten den christlichen Glauben im baltischen Raum, gründen Handelsstädte und unterstützen die deutschen Siedler

Bauern pflügen das durch Rodung urbar gemachte Land im Osten
Aus einem Kalendarium von 1445

Handelsschiff der Hanse um 1500, damals „Holk" genannt. Die schwerfälligen, bauchigen Segelschiffe fuhren vor allem in der Ost- und Nordsee

Die Deutsche Ostsiedlung

Zuletzt, da die Slaven allmählich verschwanden, schickte er (Albrecht der Bär, Markgraf von Brandenburg, d. Red.) nach Utrecht und den Rheingegenden, ferner zu denen, die am Ozeane wohnen und von der Gewalt des Meeres zu leiden hatten, nämlich an die Holländer, Seeländer und Fläminger, und zog von dort ein groß Volk herbei, und ließ sie in den Burgen und Dörfern der Slaven wohnen.

(Helmold von Bosau, um 1175)

Um die Wirtschaft ihrer Völker und die eigene Macht zu fördern, öffneten die slawischen Fürsten den Ostraum vom 12. Jahrhundert an einer friedlichen *Siedlungsbewegung*, die von den volkreichen Ländern ganz West- und Mitteleuropas getragen wurde. Sie erreichte im 13. Jahrhundert ihren Höhepunkt und klang im 14. Jahrhundert allmählich ab. Ihr Ergebnis war das Entstehen des einheitlichen mittelalterlichen Kulturraumes in Europa. Sie war eine europäische Gemeinschaftsleistung, bei der den Deutschen als den unmittelbaren Nachbarn der Slawen der größte Anteil zufiel.

Diese deutsche Ostsiedlung war ein jahrhundertelanges Zuwandern bald größerer, bald kleinerer Gruppen aus den Stämmen des alten Reiches. Es waren tatkräftige Menschen, für die zu Hause kein Platz mehr war. Hier im „Ostland" fanden sie Aufstiegsmöglichkeiten, die ihnen in der alten Heimat versagt waren. Zunächst kamen bäuerliche Siedler, die, meist vermittelt von Bischöfen, Klöstern oder Adligen, umsonst oder gegen geringen Kaufpreis ihre Hufen erhielten. Der jährliche Pachtzins war gering; sie besaßen persönliche Freiheit, und ihr Hof war erblich.

Nationale Gesichtspunkte spielten bei dieser Ostbewegung nur eine geringe Rolle. Wegbereiter der Siedlung waren die *Glaubensboten*, die das Wort des Herrn befolgten: „Gehet hin in alle Welt und lehret alle Völker und taufet sie . . ." (Matth. 28, 19). Sie kamen vorwiegend aus dem Kernland des einstigen Frankenreichs zwischen Loire und Rhein, wo sich durch die Verbindung antiker, germanischer und christlicher Elemente die neue Kultur besonders früh entwickelt hatte. Die großen Mönchsorden, die den christlichen Glauben und die Kultur des Abendlandes nach Osten getragen haben, wurzeln fast alle im altfränkischen Raum. Das Stammkloster der Prämonstratenser ist Prémontré bei Reims, das der Karthäuser die Chartreuse bei Grenoble, das der Zisterzienser Citreaux bei Dijon. Die *Zisterzienser* haben sich um den Osten die größten Verdienste erworben. Rund 40 Klöster gründeten sie in den Ländern östlich der Elbe. Auf ihrem Klosterland legten sie planvoll Hunderte von Dörfern für deutsche Bauern und Handwerker an.

Heinrich der Bärtige und seine Gemahlin Hedwig betrachten mit ihrem Gefolge den Bau der Kirche im schlesischen Trebnitz (Hornigauer Handschrift)

In immer größerer Zahl schickten die vielfach mit deutschen Frauen verheirateten Slawenfürsten Werber nach dem Westen. Sie versprachen den Bauern in den für damalige Zeit übervölkerten Gebieten nicht nur ausreichendes Land, sondern auch die Sicherung aller Rechte, die sie zu Hause besessen hatten, und manche neue erwünschte Freiheit dazu. So schwoll der Strom der Auswanderer an. Häufig legten die Deutschen die neuen Dörfer neben den slawischen Siedlungen an und übernahmen auch deren Namen, indem sie zur Unterscheidung nur den Zusatz Groß-, Ober-, Nieder-, Neu- oder Deutsch- hinzufügten. Vielfach erschlossen sie aber auch Gebiete, die die Slawen bisher ungenutzt gelassen hatten; sie rodeten Wälder oder legten Sümpfe trocken. Ihre *Dreifelderwirtschaft* war der *Feldgraswirtschaft* der slawischen Bauern überlegen, und mit ihrem eisernen Scharpflug erzielten sie das Vielfache der bisherigen Ernten. Angeleitet durch die Mönche wandten sie sich dem Obst- und Gemüseanbau zu und verbesserten die Viehzucht in allen ihren Zweigen.

Die Fürsten hatten von dem wirtschaftlichen Aufschwung ihrer Länder den größten Gewinn. Sie gingen frühzeitig auch an die Erschließung der Bodenschätze. Sie riefen deutsche Bergleute vom Harz, aus Thüringen und aus dem Erzgebirge herbei. Schon in der Mongolenschlacht von 1241 (bei Liegnitz), in der ein deutsch-polnisches Heer von den asiatischen Reiterscharen besiegt wurde, sollen Goldberger Bergknappen mitgefochten haben.

Zu den eigentlichen *Mönchsorden* kamen die auf den Kreuzzügen entstandenen *Ritterorden* der Templer und Johanniter, die aus dem nordfranzösischen Raume stammten, aber bald auch in Ostmitteleuropa Besitz erwarben und Niederlassungen gründeten. An sie erinnern Namen wie Templin, Tempelhof, Tempelburg und Tempelfeld.

Eine ganz besondere Bedeutung für die Ostsiedlung erlangte aber der *Deutsche Orden*. Herzog Konrad von Masowien bat den Deutschen Orden 1226 um Hilfe beim Kampf gegen die heidnischen Prußen. Der Deutsche Orden zögerte zunächst und wurde erst aktiv, nachdem Konrad von Masowien ihm 1230 das Kulmerland und alle künftigen Eroberungen in Preußen mit allen zugehörigen Rechten übertragen hatte. Die Aufgabe des Deutschen Ordens war es, die heidnischen Prußen und Balten zum Christentum zu bekehren und das Land zu erschließen. Der Orden, der sich 1237 mit dem in

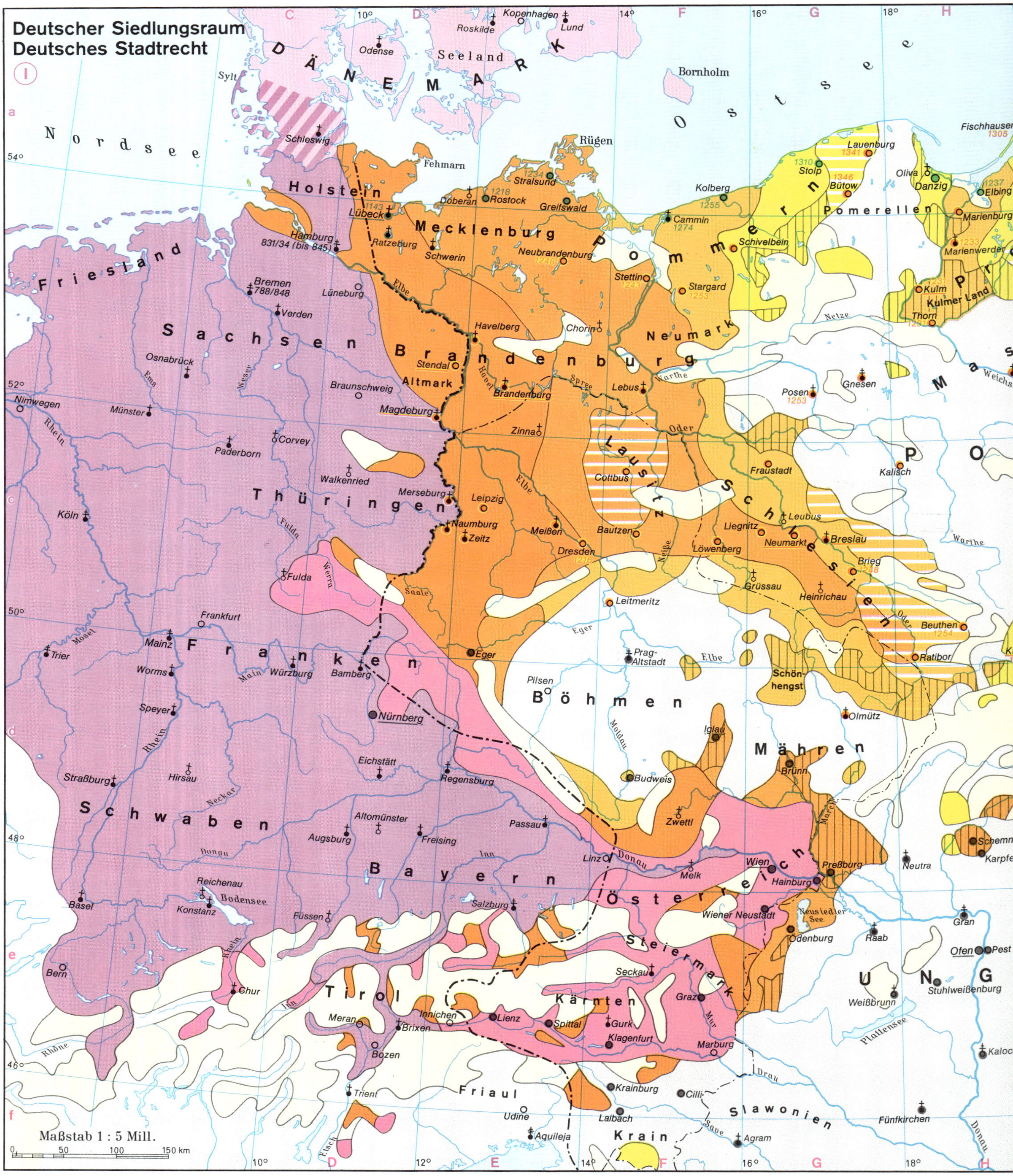

Deutscher Siedlungsraum
Deutsches Stadtrecht
I
Maßstab 1 : 5 Mill.
0 50 100 150 km
C D E F G H
10° 12° 14° 16° 18°
54° 52° 50° 48° 46°
a b c d e f
DÄNEMARK
Kopenhagen
Roskilde
Lund
Odense
Seeland
Sylt
Bornholm
Nordsee
Ostsee
Schleswig
Rügen
Fehmarn
Holstein
Lübeck
1143
Hamburg
831/34 (bis 845)
Ratzeburg
Mecklenburg
Schwerin
Döberan
1218
Rostock
1234
Stralsund
Greifswald
Neubrandenburg
1248
Pommern
Kolberg
1255
Cammin
1274
Stettin
1243
Stargard
1253
Schivelbein
Lauenburg
1341
1310
Stolp
1346
Bütow
Oliva
Danzig
Fischhausen
1305
1237
Elbing
Pomerellen
Marienburg
1233
Marienwerder
Kulm
Kulmer Land
Thorn
Netze
Friesland
Bremen
788/848
Verden
Lüneburg
Elbe
Sachsen
Osnabrück
Ems
Weser
Braunschweig
Havelberg
Chorin
Neumark
Brandenburg
Stendal
Altmark
Havel
Magdeburg
Spree
Lebus
Warthe
Posen
1253
Gnesen
Weichs
Nimwegen
Münster
Rhein
Paderborn
Corvey
Zinna
Oder
Lausitz
Cottbus
Fraustadt
Kalisch
Walkenried
Thüringen
Merseburg
Leipzig
Naumburg
Zeitz
Meißen
Bautzen
Dresden
1216
Neiße
Schlesien
Liegnitz
Leubus
Neumarkt
Breslau
Löwenberg
Brieg
1248
Warthe
Köln
Fulda
Werra
Saale
Grüssau
Heinrichau
Leitmeritz
Frankfurt
Mosel
Trier
Mainz
Franken
Main
Würzburg
Bamberg
Worms
Eger
Prag-Altstadt
Elbe
Beuthen
1254
Ratibor
Schönhengst
Pilsen
Böhmen
Nürnberg
Speyer
Moldau
Olmütz
Iglau
Mähren
Brünn
March
Straßburg
Hirsau
Neckar
Eichstätt
Regensburg
Budweis
Zwettl
Schwaben
Altomünster
Augsburg
Freising
Passau
Donau
Inn
Bayern
Linz
Melk
Wien
Preßburg
Hainburg
Neutra
Schemnitz
Karpfen
Reichenau
Bodensee
Konstanz
Basel
Füssen
Salzburg
Österreich
Wiener Neustadt
Neusiedler See
Ödenburg
Raab
Gran
Ofen
Pest
Bern
Rhein
Chur
Inn
Tirol
Steiermark
Seckau
Graz
Mur
Kärnten
Gurk
Klagenfurt
Lienz
Spittal
Innichen
Meran
Brixen
Bozen
Rhône
Marburg
Ungarn
Weißbrunn
Stuhlweißenburg
Plattensee
Kalocsa
Drau
Trient
Friaul
Udine
Aquileja
Etsch
Krainburg
Cilli
Laibach
Krain
Save
Agram
Slawonien
Fünfkirchen
Donau

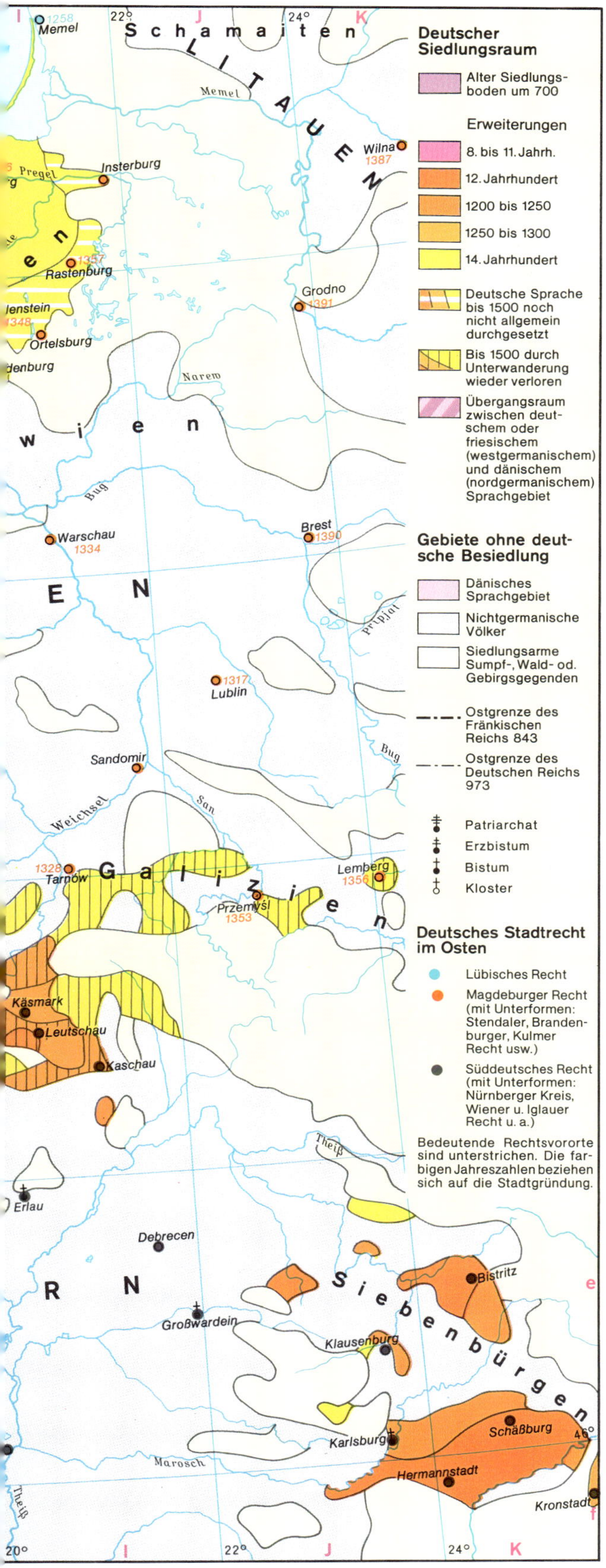

Karte: Deutscher Siedlungsraum und deutsches Stadtrecht

Livland tätigen Schwertbrüderorden vereinigte, errichtete eine geistliche und weltliche Herrschaft über das Land, die durch die planmäßige Ansiedlung deutscher Bauern und die Gründung von Städten systematisch ausgebaut wurde. Seine Herrschaft erstreckte sich – mit Ausnahme Litauens – über den ganzen baltischen Raum bis hinauf nach Estland. Zur Ansiedlung deutscher Bauern kam es aber nur im südlichen Gebiet, in Ost- und Westpreußen. Sitz des Ordens war seit 1309 die Marienburg an der Nogat.

Der Deutsche Orden wurde 1410 in der Schlacht bei Tannenberg von einem polnisch-litauischen Heer vernichtend geschlagen. Doch erst 1466 verlor der Deutsche Orden im 2. Thorner Frieden mit Westpreußen und dem Ermland einen Großteil seines Territoriums und beherrschte von da ab nur noch Ostpreußen. Nach weiteren militärischen Auseinandersetzungen schloß 1525 der damalige Hochmeister des Ordens, Albert von Brandenburg, endgültig Frieden mit dem polnischen König und nahm Ostpreußen als weltliches Herzogtum von Polen als Lehen. Damit hatte sich der preußische Ordensstaat aufgelöst. Seinen Niedergang hatten jedoch weniger außenpolitische und militärische Ereignisse, als vielmehr ungelöste Probleme seiner inneren Struktur bewirkt. Ostpreußen kam 1618 unter brandenburgische Herrschaft, Westpreußen fiel 1772, nach der ersten polnischen Teilung, an Preußen.

An den Sitzen der Verwaltung und den Verkehrsknotenpunkten hatten sich im europäischen und deutschen Westen zur Pflege von Handel, Handwerk und Gewerbe *Städte* entwickelt, geschlossene Siedlungen, deren Leben durch feste Ordnungen geregelt war. Im Osten gab es die Stadt im rechtlichen Sinne nicht. Das große Siedlungswerk war ohne sie aber nicht zu denken, und so wurde das Stadtrecht in die neue Heimat mitgenommen. Überall dort wurden Städte auf geeignetem Siedlungsboden angelegt, wo sie im Rahmen des Landesausbaus notwendig erschienen. Jede Stadt bildete mit dem sie umgebenden Land eine Wirtschaftseinheit.

Segensreiche Erschließungsarbeit vollbrachten deutsche Kaufleute, die sich im 12. Jahrhundert zu einer Genossenschaft, der *Hanse,* zusammengeschlossen hatten. Die Hanse, deren Ausgangspunkt Lübeck war, wuchs im 13. und 14. Jahrhundert zu einem mächtigen Städtebund, der schließlich die gesamte Ostsee beherrschte. Hanse-Kaufleute erweiterten und gründeten zahlreiche Städte, in denen Deutsche als Bürger ansässig wurden. Danzig, Elbing, Königsberg, Windau, Riga, Dorpat und Reval – um die wichtigsten zu nennen – trugen schon von der Architektur her ein deutsches Gesicht und besaßen eine starke kulturelle und wirtschaftliche Ausstrahlungskraft.

Planvoll wie die Verteilung der Städte über das Land war ihre Anlage im einzelnen. Ein schachbrettartiger Grundriß wurde bevorzugt. Der viereckige Markt mit dem Rathaus und den Kaufhallen bildete die Mitte. Die Kirche, immer das ansehnlichste Gebäude der Stadt, wurde in unmittelbarer Nähe des Marktes auf einem kleineren Platz errichtet. Die ganze Siedlung wurde mit Mauer und Graben umgeben, ihre Ausgänge durch stattliche Tortürme gesichert, deren reicher Schmuck noch heute vom Selbstbewußtsein der Bürger kündet.

Den städtischen Satzungen lag das *Prinzip der Selbstverwaltung* zugrunde. Wenn im Osten zunächst dem Landesherrn oder seinem Vertreter noch übergeordnete Befugnisse zustanden, so änderte sich das im Laufe des 14. Jahrhunderts in den meisten Fällen. Es gelang den aufstrebenden Städten, sich von mancher landesherrlichen Bevormundung zu lösen und in Verwaltung und Rechtspflege weitgehend selbstständig zu werden.

Seiner Vorteile wegen verbreitete sich das deutsche Stadtrecht weit über den deutschen Siedlungsraum hinaus in den slawischen Osten hinein. Entlang der Küste galt das Lübecker Recht, im Binnenland das Magdeburger Recht mit seinen verschiedenen Spielarten, im Süden das Nürnberger Recht. Alle mittelalterlichen Städte Polens waren Gründungen nach deutschem Recht (siehe Karte).

Die Marienkirche in Danzig, erbaut von 1343 bis 1503

Das Rathaus zu Thorn, erbaut 13. – 17. Jahrhundert

Die Wallfahrtskirche von Trebnitz, in der Hedwig beigesetzt wurde. Sie starb 1243 und wurde 1267 heiliggesprochen

Baudenkmäler im Deutschen Osten

Wohlstand und Stolz, Gemeinschafts- und Pioniergeist prägten sich in einer Fülle kraftvoller Bauten für kirchliche und weltliche Zwecke aus. Der europäische Baustil jener Epoche, die Gotik, fand nun in Norddeutschland nicht den Haustein vor wie in den meisten anderen Gebieten, sondern mußte auf den Ziegel- bzw. Backstein zurückgreifen. Aus dieser Not wurde eine Tugend. Die *Backsteingotik* wurde zu einer Quelle eigenartiger Formen von machtvoller Geschlossenheit oder auch gewebeartiger Zartheit.

Prächtige Rathäuser, Artushöfe, Gildehäuser und Kaufhallen zeugen vom Reichtum der Städte. Für fast alle diese Bauten sind die Stufengiebel charakteristisch, die senkrecht gegliederten Fassaden, die die Hauswand in aufwärts strebende Streifen zerlegen, in denen die Fensteröffnungen eingeschnitten sind.

Auch die im Osten so wichtigen Wehrbauten wurden in Backsteingotik errichtet. Tore – als Tor im Turm, als Tor in einer Torburg oder auch für sich allein – wurden oft besonders kunstvoll gestaltet. In schlanker Form erhoben sie sich hoch über Stadtmauern und Häusergewirr als Zeichen städtischer Macht. *Burgen aus Backstein* sind nur im Hoheitsgebiet des Deutschen Ordens zu finden. Viele dieser Ordensburgen existieren heute noch als Ruinen. Die Marienburg ist vollständig restauriert.

Prämonstratenser und Zisterzienser bauten Klosterkirchen. Ihrem Armutsideal entsprechend verzichteten sie auf Türme, gestalteten dafür aber die oft turmhohe Hauptfassade besonders reich mit Fenstern, Blendnischen, winzigen Turmhelmen und kleinen Spitzgiebeln. Zu den zahlreichen Beispielen dieser Kirchenbauten des Ostens, die heute allerdings zum Teil nur noch Ruinen sind, gehören Oliva (1178), Kolbatz (1210), Paradies (1236) und Pelplin (1258).

In den vielen reichen Hansestädten entlang der Ostsee baute die Bürgerschaft mächtig wirkende Kirchen: so in Stralsund, in Wismar oder in Rostock.

Als dritte Form der Backsteingotik breitete sich von der Mitte des 14. Jahrhunderts ab der *Hallenbau* aus.

Die mächtigste und schönste Hallenkirche der Backsteingotik ist die *Marienkirche in Danzig*. Ihr hatte die Thorner Marienkirche zum Vorbild gedient. Sachlicher Sinn kommt in den glatten Mauerflächen, in der trutzigen Wucht des Turmblocks zum Ausdruck, Nüchternheit ist spürbar, aber die senkrecht gegliederten Giebel, die zierlichen Türmchen, die Dachreiter und Zinnenreihen lassen der Phantasie des Beschauers Spielraum. Der Innenraum überwältigt durch die großzügige Weite. Pfeilermassen durchsetzen den Raum, Streben sind nach innen gezogen, Stützen und Mauerstreifen stehen steil nebeneinander.

Schlesien nimmt in der Backsteingotik insofern eine Sonderstellung ein, als für Portal- und Fensterwandungen sowie für das Maßwerk Hausteine verwendet werden. Auch hier haben Zisterzienser und Prämonstratenser die frühe Backsteinarchitektur angeregt. Der Chor des *Breslauer Domes* ist unter Beteiligung der Zisterzienser 1244, also fünf Jahre vor der Grundsteinlegung des Kölner Domes, vollendet worden.

Siedlungsbewegungen der Neuzeit

Aus inneren und äußeren Gründen kam die Ostbewegung im Spätmittelalter zum Stehen. Der Bevölkerungsüberdruck in Deutschland ließ nach, weil die Pest in Stadt und Land umging und schwere Opfer forderte. Dazu kam, daß in den Aufnahmeländern selber der weitere Landausbau nach der Hochkonjunktur der Lokationszeit unrentabel wurde.

In bescheidenerem Umfang setzte die Ostbewegung aber im 16. Jahrhundert wieder ein. Der deutsche Frühkapitalismus interessierte sich für die Metallvorkommen in den Karpaten und Sudeten. Am Unterlauf der Weichsel und in den Niederungen ihres Deltas verwendeten *friesische und holländische Einwanderer* ihre Erfahrungen im Trockenlegen von Marschen.

Die meisten Neusiedler stellten aber die Ostgebiete selber. *Pommersche Bauern* ließen sich zwischen Netze, Warthe und Weichsel nieder. Aus den Städten Niederschlesiens gingen während des 30jährigen Krieges Hunderte tüchtiger Bürger über die polnische Grenze, um dem Druck der Gegenreformation auszuweichen.

Sie verpflanzten die Tuchmacherei in die polnischen Grenzstädte und kamen bald zu Wohlstand und Ansehen. Im 18. Jahrhundert nahm Friedrich Wilhelm I. die *evangelischen Salzburger* in Ostpreußen auf. Am meisten war Friedrich der Große auf die Besiedlung seiner Länder bedacht. Er war auf die Provinz, die ihm in den Bruchlandschaften zwischen Oder und Weichsel der Spaten der Siedler eroberte, nicht weniger stolz als auf die Provinz Schlesien, die ihm das Schwert erworben hatte.

Auf noch weitere Räume erstreckte sich die *Siedlungstätigkeit* der *Donaumonarchie* unter Karl VI., Maria Theresia und Josef II. Überall, in Ungarn, Galizien und der Bukowina, gingen die meist aus Süddeutschland stammenden Siedler mit ihren fortgeschrittenen Wirtschaftsmethoden den Einheimischen voran. In den größeren Sprachinseln bewahrten sie ihr heimatliches Volkstum, vor allem dann, wenn kein Glied im sozialen Gefüge fehlte und Grundherren, Bauern, Handwerker und studierte Berufe, besonders die Geistlichen, durch die gemeinsame deutsche Kultur verbunden blieben. Kleine Siedlergruppen gingen vielfach in der slawischen und magyarischen Bevölkerung auf. Dabei tat der Adel meist den ersten Schritt, die Bauern folgten zögernd nach.

Siedlungsformen in den Gebieten der deutschen Ostsiedlung:

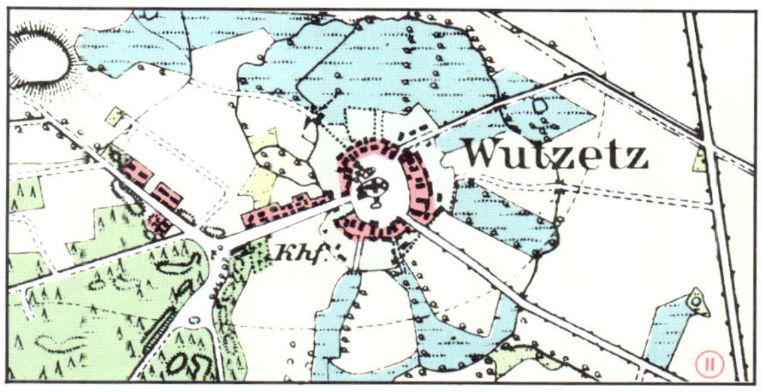

I Wutzetz, ein Runddorf (Rundling) am Rhinluch, Brandenburg. Schutzlage mit Gehöften rund um einen (ursprünglich wohl nur durch eine einzige Zufahrt erreichbaren) Dorfplatz, mit Anger, Teich und Kirche

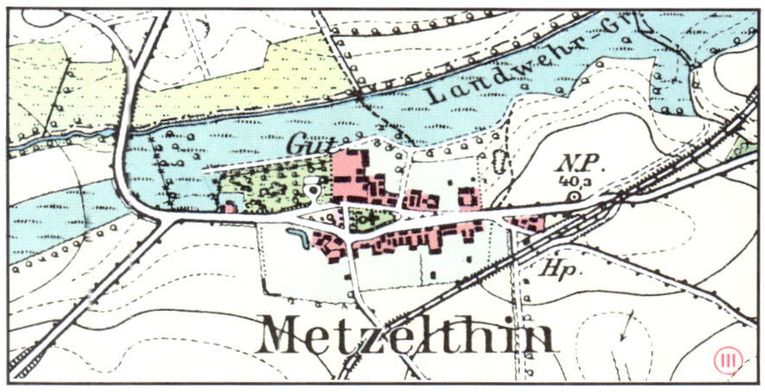

II Metzelthin, ein Angerdorf in Brandenburg, nordwestlich von Berlin. Die Gehöfte gruppieren sich um einen Platz, den Anger (Gemeindeweide)

(Ausschnitte aus preußischen Meßtischblättern, Maßstab 1 : 25 000)

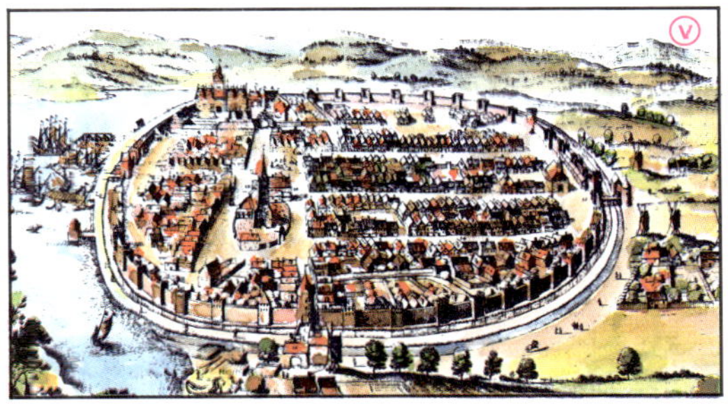

III Schrägbild der vorpommerschen Stadt Barth, am Barther Bodden, westlich von Stralsund. Typische Kolonialstadt mit gitterförmigem Straßennetz.

(Verkleinerter, kolorierter Ausschnitt aus Kupferstich von M. Merian, 1593 – 1650)

In den Gebieten, die bereits der mittelalterliche Siedlerstrom ergriffen hatte, kam es dagegen zu beträchtlicher *Eindeutschung slawischen Volkstums*. Pommern, Schlesien und die Grenzgebiete Posens und Westpreußens erhielten ein überwiegend deutsches Gesicht. Das war ein einfacher Wachstumsvorgang ohne staatliche Lenkung. Bis ins 19. Jahrhundert hinein hatten die wirtschaftlichen Gründe beim Siedeln vor den politischen und nationalen den Vorrang. Alle Beteiligten hatten das Bewußtsein, in gleicher Weise Gebende und Empfangende zu sein. Die Menschen fühlten sich in erster Linie an ihren Stand als Bauer, Bürger, Adliger gebunden. Sie waren dem angestammten Herrscherhaus ergeben; ihre völkische Zugehörigkeit dagegen war ihnen kaum ins Bewußtsein gekommen.

Aufkommen des Nationalismus in „Zwischeneuropa“

Dieser verhältnismäßig harmonische Zustand änderte sich in den ersten Jahrzehnten des 19. Jahrhunderts. Menschen gleicher Sprachzugehörigkeit begannen, sich mehr und mehr als einheitliches Volk zu fühlen und forderten nationale Selbständigkeit. Das *Zeitalter des Nationalismus* begann. Das bedeutete nicht nur Kampf gegen ständische Vorrechte des Adels, sondern häufig auch gegen die bestehenden Staaten selbst. Diese – in viel früherer Zeit entstanden – umschlossen ja meistens Angehörige mehrerer Völker oder Volksgruppen. Das galt vor allem für Österreich-Ungarn, aber auch für Preußen, Rußland u.a.m.

Die Regierungen dieser Staaten waren nicht oder nur zögernd bereit, den nationalen Gruppen und Minderheiten Sonderrechte zu gewähren, da sie glaubten, daß hierdurch die Macht, ja sogar der Bestand ihrer Staaten gefährdet würde. Sie versuchten, fremde Bevölkerungsanteile einzuschmelzen und deren Sprache und Sitte zu unterdrücken.

So begann die große Unruhe in „Zwischeneuropa“ – ein vielgebrauchter Name für den Raum von der Ostsee bis zur Adria, der zwischen den Machtblöcken Preußen/Deutschland-Österreich einerseits und Rußland andererseits liegt.

Die Unruhe steigerte sich, weil etwa zur gleichen Zeit auch *soziale Probleme* ins Bewußtsein der Völker traten.

Durch die drei polnischen Teilungen von 1772, 1793 und 1795, die z.T. sogar vom eigenen polnischen Hochadel in der Konföderation von Targowice gefördert wurden, entfielen auf Rußland 80% des Territoriums, auf Österreich 12 und auf Preußen 8%.

Preußen respektierte das Eigenleben der Polen, ließ polnische Schulen und Vereinigungen zu, gestattete Polnisch als zweite Amtssprache und besetzte mehr als die Hälfte der Landkreise mit polnischen Landräten. Man ließ die neuen Landeskinder am wirtschaftlichen Aufstieg teilhaben – Bauernbefreiung –, den die langen Frie-

densjahrzehnte nach 1815 brachten. Nach der Gründung des Deutschen Reiches 1871 verhärtete sich die Situation. Die Verfassung des Reiches kannte kein Minderheitenrecht. Dem wachsenden Freiheitswillen der Polen und ihrer Sehnsucht nach nationaler Einheit trat ein Staat gegenüber, dem die Erhaltung und Stärkung seiner Machtposition oberstes Gebot war. Das neue Deutsche Reich versuchte das eigenständige polnische Leben zum Erlahmen zu bringen. Es erreichte aber damit nur, daß die unterirdischen Verbindungen zu den anderen Teilgebieten fester geknüpft wurden. Auch Millionenaufwendungen für die Ansiedlung deutscher Bauern in Posen und Westpreußen nach der Gesetzgebung des sog. Kulturkampfes, der sich zwar in erster Linie gegen die katholische Kirche, dann aber auch gegen die überwiegend katholischen Polen richtete, vermochte dem polnischen Nationalbewußtsein keinen Abbruch zu tun.

Anders war die Situation in Österreich-Ungarn. Dieser Staat beherbergte eine ganze Anzahl von Völkern und nationalen Minderheiten in seinen Grenzen, ohne daß es ein eigentliches Staatsvolk gab. In dem Vielvölkerstaat fühlte sich eine Gruppe von der anderen bedroht. Österreich-Ungarn wurde der klassische Boden der sogenannten *Volkstumskämpfe*. Eine Verständigung in diesen Auseinandersetzungen, die vor allem Sprachen- und Schulkämpfe waren, gelang lediglich 1905 in Mähren und 1910 in der Bukowina. Alle übrigen Nationalitätenprobleme blieben ungelöst; die Folge war, daß die Monarchie innerlich immer mehr zerfiel. Es bedurfte nur noch des Anstoßes von außen, um sie zum Einsturz zu bringen. Dieser Anstoß erfolgte durch den Ersten Weltkrieg. Er brachte nicht nur das Ende des habsburgischen Kaiserreiches, sondern auch eine entscheidende Niederlage des Deutschtums im östlichen und südöstlichen Mitteleuropa.

Die *Pariser Vorortverträge* lösten die Donaumonarchie auf, entrissen Deutschland erhebliche Gebiete und ließen u.a. die Tschechoslowakei und Polen als souveräne Staaten entstehen. Deutschland verlor die größten Teile der Provinzen Posen und Westpreußen und einen Teil Ostpreußens. Trotz Stimmenmehrheit von 60% für Deutschland im oberschlesischen Abstimmungsgebiet mußte der größte Teil des reichen oberschlesischen Industriegebietes 1922 an Polen abgetreten werden. Danzig, zu 96% deutsch, wurde zur Freien Stadt erklärt.

Zur Abgrenzung Polens nach Osten schlug der britische Außenminister Curzon 1920 eine Demarkationslinie vor, die sog. Curzonlinie, durch welche die Nationalitätenverhältnisse in diesem Gebiet berücksichtigt werden sollten. Im polnisch-russischen Kriege 1920/21 erzwang Polen jedoch unter Ausnutzung der innerrussischen politischen Wirren im Friedensvertrag von Riga am 15.3.1921 das russische Gebiet östlich dieser Curzonlinie mit 184 000 qkm, obwohl es nur zu 15% mit Polen bewohnt war.

Abb. links:
Die drei polnischen Teilungen 1772, 1793 und 1795 zwischen Rußland, Preußen und Österreich

Deutsche Ostgebiete innerhalb der Reichsgrenzen von 1937 und Freie Stadt Danzig

Pommern

Stettin zwischen den beiden Weltkriegen

Pommern

„Pommern" ist vom slawischen „po-morje" abgeleitet und bedeutet „am Meer". Dieser Name kennzeichnet treffend wesentliche Teile der Landschaft, der Geschichte und der Wirtschaft dieses Raumes. Als 50 bis 60 km schmaler Saum erstreckte sich die preußische Provinz Pommern (in den Grenzen von 1937) entlang der Ostsee vom Darß bis zum Zarnowitzer See. Mit 465 km besaß es die größte Küstenlänge aller deutschen Länder und Provinzen; hier lagen die vielen Fischerdörfer und Seebäder, denen Pommern seinen Ruf als wichtigstes deutsches *Fischereigebiet* und beliebtes *Bäderland* verdankte. Auf mehr als 5000 Fischereifahrzeugen, die zumeist Klein- und Kleinstbetrieben gehörten, zogen alljährlich über 7000 Fischer zu ihren Fanggründen an Darß und Zingst, in der Pommerschen Bucht, am Millionengrund oder auf der Stolpebank. Mit Treib- und Stellnetzen und im Winter, wenn die Fische wegen der Kälte die tieferen Meeresgründe aufsuchten, auch mit Grundschleppnetzen (Zeesen), brachten sie jährlich 46-48 Millionen Pfund vor allem an Flundern und Dorschen ein. – Bis 1936 stand Pommern nach Bayern und Schlesien an dritter Stelle im deutschen Kurtaxaufkommen. 1939 hatte es beide überflügelt: Die Fremdenübernachtungsziffern in ganz Pommern waren von 1936 bis 1939 von 4,6 auf 8 Millionen gestiegen.

Als Mittelstück des Norddeutschen Flachlandes liegt Pommern im Bereich des letzten großen Eisvorstoßes, der vor rund 20 000 Jahren hier zum Stillstand kam. Durch dieses Inlandeis aus dem Norden erhielt das pommersche Land sein Gepräge. Flache *Grundmoränenlandschaft* ganz im Norden geht allmählich in kuppige Grundmoräne über; daran schließt sich das bewegte Relief der *Endmoränen* im Gebiet des Pommerschen Höhenrückens an. Die vielen Seen und bewaldeten Berge waren vielbesuchte Ausflugsziele. Im alten südlichen Grenzraum stellte die waldreiche *Sanderzone* jahrhundertelang eine fast undurchdringliche Grenzscheide zum polnischen Nachbarn hin dar. Den Abschluß bildete nach der 1938 erfolgten Eingliederung der Grenzmark das eiszeitliche Urstromtal der Netzeniederung, dessen Besiedlung wegen seiner Unwirtschaftlichkeit erst unter Friedrich dem Großen verstärkt einsetzte.

Pommern ist ein Land des *Ackerbaus*, der *Viehzucht* und der *Forstwirtschaft*. Flache und sanft gewellte Ackerfluren wechseln ab mit ausgedehnten Wiesen, Weiden und Wäldern. Neben Roggen, Gerste und Kartoffeln werden auf fruchtbaren Böden vor allem Weizen und Zuckerrüben angebaut. Während in Vorpommern bis 1945 Großgrundbesitz vorherrschte – z.T. mit Gütern über 1000 ha –

Fischer beim Netzeflicken

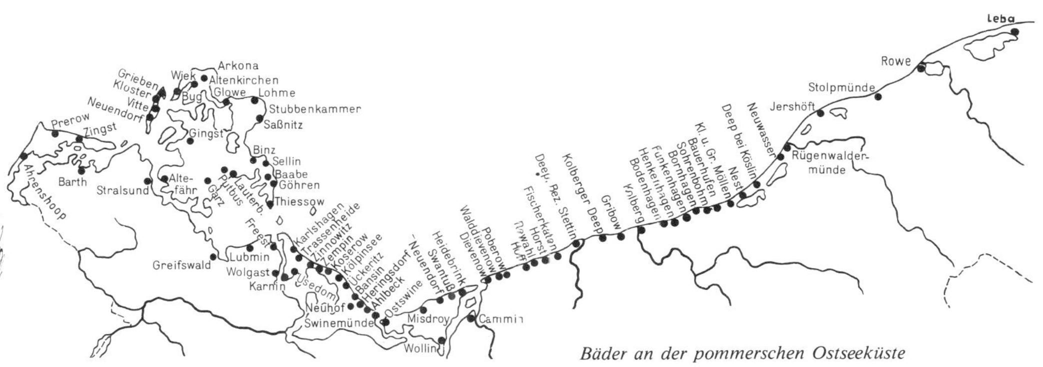

Bäder an der pommerschen Ostseeküste

war Ostpommern vorwiegend Bauernland. Die Städte – zumeist kleine beschauliche Landstädte mit oft weiträumigen Marktplätzen und wuchtigen mittelalterlichen Backsteinkirchen und -toren – waren wirtschaftliche Mittelpunkte des umgebenden Landes. Ihre Industrie beschränkte sich im wesentlichen auf die Verarbeitung der Erzeugnisse aus Landwirtschaft, Forstwirtschaft und Fischerei. In fast jedem Städtchen fand man – wie übrigens auch auf manchem Rittergut – die typischen Betriebe wie Molkereien, Kornmühlen, Brennereien, Zucker-, Stärke- und Kartoffelflockenfabriken.

Im Potsdamer Abkommen wurde 1945 auch die Provinz Pommern zerschnitten. Heute liegt ihr kleinerer westlicher Teil, Vorpommern mit den Inseln Rügen und Usedom, im Nordosten Deutschlands in Mecklenburg-Vorpommern, der Hauptteil Pommerns gehört zu Polen. Die Grenze verläuft mitten durch das Stettiner Haff, so daß der Ostteil der Insel Usedom mit Stettin und seinem nördlichen und westlichen Hinterland in Polen liegt. Die Grenze verläuft mitten durch das Stettiner Haff und schlägt sogar den Ostteil der Insel Usedom noch zu Polen. Man hat auch nicht die untere Oder als Grenze benutzt, sondern schlug Stettin und sein nördliches und westliches Hinterland dem polnischen Mittel- und Ostpommern zu.

Mittelpommern und Stettin

Ganz im Norden dieses mittleren Streifens, im Haffgebiet, tritt die Landwirtschaft zu Gunsten der Forstwirtschaft zurück. Weithin dehnen sich die Nadelwälder der *Gollnower Heide* aus, Grundlage einer beachtlichen Möbel- und Papierindustrie. Hier liegt zwischen *Naugard* und der alten Bischofsstadt *Cammin* das Kalkwerk Zarnglaff, das 1937 rund 3/4 des gesamten deutschen Bedarfs an Düngekalk deckte. Weiter nach Süden nimmt die Fruchtbarkeit der Böden zu. Im Lößgebiet des *Pyritzer Weizackers* wurden große Hektarerträge an Weizen erzielt. Von der Wohlhabenheit der Pyritzer Bauern zeugten neben prachtvollen Höfen auch die kostbaren farbenprächtigen Trachten. In geschützten Tälern reifte guter Tabak. Die Schafzucht stand im Raum um Stargard auf beachtlicher Höhe.

Stettin, die Hauptstadt des geteilten Pommerns, bildet seit 1946 die Hauptstadt einer polnischen Woiwodschaft. Für den Wiederaufbau der fast völlig zerstörten Stadt hat Polen bisher weit weniger getan als für Danzig. – Stettin, über die Oder und den Oder-Havel-Kanal in direkter Verbindung mit Berlin stehend, konnte sich mit Recht als „das Tor Berlins zur Ostsee" bezeichnen. Durch die Oder und den Klodnitzkanal steht es auch mit dem Oberschlesischen Kohlen- und Industriegebiet in direkter Verbindung. Bis 1945 war es der *wichtigste deutsche Ostseehafen* und diente vornehmlich der Einfuhr von Getreide, Holz und Erz. Es besaß bedeutende Werften („Oderwerke" und „Vulkan"). Heute erreicht Stettin einen Jahresumschlag von 9 Mill. BRT. Die „Feldmühle" war Deutschlands bedeutendste Papierfabrik. Die Hydrierwerke in Pölitz waren zeitweise die größten Europas.

Der Vorhafen Stettins, *Swinemünde*, 60 km unterhalb, im Osten der Insel Usedom, ist heute neben Kolberg und Gdingen Hauptstützpunkt der polnischen Hochseefischerei.

Ostpommern

Die schmale Küstenzone an der Ostsee wird zu fünf Sechsteln ihrer Länge von einem Dünenwall begleitet. Dahinter liegt ein Gürtel von großen haffartigen Strandseen, Mooren und Sümpfen. Auf der *Lebanehrung* erhebt sich Pommerns größte Wanderdüne, die 500 m lange und 42 m hoche *Lonskedüne*. Jahr für Jahr rückt sie um 12 m weiter vor. Das Dorf, das ihr einstmals den Namen gab, liegt unter den weißen Sandmassen begraben.

Zahlreiche Badeorte beleben die ostpommersche Küste; beliebte Familienbäder wechseln ab mit stillen, verträumten Fischerdörfern, die bekannten Malern Anregung und Entspannung boten.

Hier entstand 1814 Preußens ältestes Ostseebad, *Rügenwaldermünde*. Vor allem aber ist *Kolberg* zu erwähnen, das mit seinem breiten Sandstrand und den bis an den Dünenkamm reichenden Wäldern zu den meistbesuchten deutschen Seebädern gehörte.

Das gotische Rathaus von Stargard in Pommern, ein Bau aus dem sechzehnten Jahrhundert; rechts daneben die Hauptwache

An den Küstensaum schließt sich nach Süden zunächst die teils flache, teils hügelige Grundmoränenlandschaft an – mit zahlreichen Seen und den für Pommern typischen „Söllen" (tiefe, meist winzige runde Teiche, die dort entstanden, wo nach dem Abschmelzen des Eises in der Eiszeit noch „Toteisreste" liegen blieben).

Die nächste Zone, die wir auf einer Wanderung nach Süden antreffen, ist das bewegte Gebiet des *Pommerschen Höhenrückens*. Er ist der mittlere Teil des großen norddeutschen Endmoränenzuges und erreicht im Gebiet des ehemaligen Westpreußens im Turmberg 331 m Höhe (die höchste Erhebung des Baltischen Höhenrückens), 256 m im Schimmritzberg und im Spitzberg 203 m. Er bildet eine wichtige Wasserscheide, die zur Ostsee strömenden Flüsse *Persante* (Mündung bei Kolberg), *Stolpe* (Mündung bei Stolpmünde) und *Leba* (Mündung bei Leba) sind nur kurz. Wasserreicher sind die nach Süden fließenden Flüsse, die zumeist in die Netze einmünden.

Im mittleren Teil des Pommerschen Höhenrückens liegt als landschaftlich besonders reizvolles Gebiet die *Pommersche Schweiz*, ein beliebtes Ziel für den Fremdenverkehr. Ein vielbesuchter Aussichtspunkt war der *Bullenberg* (219 m) bei *Bad Polzin*; beliebt auch der

Der Fünfsee bei Bad Polzin

Swinemünde auf der Insel Usedom, das vielbesuchte Seebad (1937)

Der gotische Mariendom in Kolberg; von 1280 bis 1320 erbaut, während des Zweiten Weltkrieges zerstört

Dorfkirche in Reckow, Kreis Greifenhagen

Das Mühlentor in Stolp, ein Wehrbau der Backsteingotik

Die Lonske-Düne, Pommerns größte Wanderdüne

13
14
15
54
53
O s t
Pommersche Bucht
Oderbank
Arkona
Altenkirchen
Wittow
Wiek
Dornbusch
Vitte
Hiddensee
Lohme
Stubben-kammer
Königsstuhl
Jasmund
Saßnitz
Trent
Rappin
Patzig
Ummanz
Gingst
Bergen
Rügen
Prorer Wiek
Binz
Sellin
Putbus
Garz
Nord-Perd
Göhren
Mönchgut
Thießow
Süd-Perd
Greifswalder Oie
Greifswalder Bodden
Zudar
Palmer Ort
Darßer Ort
Prerow
Zingst
Darß
Wustrow
Barth
Stralsund
Ribnitz
Damgarten
Franzburg
Velgast
Richtenbg.
Marlow
Bad Sülze
Tribsees
Grimmen
Greifswald
Wolgast
Lubmin
Peenemünde
Karlshagen
Zinnowitz
Koserow
Usedom
Seebad Bansin
Seebad Heringsdf.
Seebad Ahlbeck
Swinemünde
Wollin
Dievenow
Cammin
Horst
Tessin
Thelkow
Loitz
Gnoien
Dargun
Laage
Demmin
Jarmen
Gützkow
Anklam
Lassan
Teterow
Neukalen
Malchin
Stavenhgn.
Altentreptow
Friedland
Ueckermünde
Kleines Haff
Stettiner Haff
Großes Haff
Neuwarp
Waren
Penzlin
Neubrandenbg.
Burg Stargard
Strasbg.
Pasewalk
Pölitz
Gollnow
STETTIN
Altdamm
Stargard
Mecklenburg
Malchow
Müritz-See
Röbel
Neustrelitz
Woldegk
Feldbg.
Prenzlau
Brüssow
Penkun
Greifenhgn.
Gartz
Pyritz
Wittstock
Wesenberg
Lychen
Fürstenbg.
Templin
Rheinsbg.
Gransee
Zehdenick
Joachimsthal
Angermünde
Schwedt
Vierraden
Königsbg.
Lippehne
Soldin
Neuruppin
Altruppin
Lindow
Liebenwalde
Finow
Eberswalde
Oderbg.
Bad Freienwalde
Wriezen
Zehden
Mohrin
Bärwalde
Neudamm
Fehrbellin
Kremmen
Oranienburg
Velten
Bernau
Küstrin
Sonnenbg.
Friesack
Rhinluch
Uckermark
Vorpommern
Hinterpommern
Brandenburg
Neumark
Oderbruch
Maßstab 1:1000000
0 5 10 20 30 40 km
Meerestiefen:
tiefer als 50 m
50-20
20-10
10-0
Höhenschichten:
0-50
50-100
100-200
200-300
über 300 m

STADT von über 100000 Einw. **Stadt** von 10-20000 Einw. *Kirchdorf*
Stadt " 50 - 100000 " **Stadt** " 5-10000 " *Landgemeinde*
Stadt " 20 - 50000 " *Stadt* unter 5000 " *Badeort*
Schloß *Kloster*
Rettungsstation *Leuchtturm* *Leuchttonne*
Hauptbahn *Nebenbahn* *Kleinbahn*
Grenze Deutschlands 1937
Provinz- u. Landesgrenze
Regierungsbezirksgrenze
Kreisgrenze
Oder-Neiße-Linie, heutige Westgrenze Polens

Bearbeitungsstand 1938

Regierungsbezirkshauptort ist doppelt, Kreishauptort einfach unterstrichen

Dratzig-See, mit 18,6 qkm Fläche und 83 m Tiefe der größte dieser an Naturschönheiten so reichen Landschaft.

Lichte Kiefernwälder und große Roggen-, Hafer- und Kartoffelfelder prägen das Gesicht der Landschaft. Bis 1945 wurden auf vorbildlichen Saatzuchtgütern hochwertige Roggen- und Hafersorten gezüchtet. Im Gebiet des Höhenrückens bevorzugte man den Anbau von Kartoffeln. Pommern war nicht nur das wichtigste *Kartoffelanbaugebiet* sondern ganz allgemein das bedeutendste landwirtschaftliche Überschußgebiet Deutschlands.

Die Städte waren zumeist nur Kleinstädte. Ihre Industrie beschränkte sich im allgemeinen auf die Verarbeitung von land- und forstwirtschaftlichen Erzeugnissen. *Stolp*, mit etwa 50 000 Einwohnern, war wirtschaftlicher und kultureller Mittelpunkt Ostpommerns.

Gerhart Hauptmann über Arcona:

Meerumschlungen
Und kreidegrün,
Märchendurchklungen
Und heldenkühn,
Herden im Hage,
Reifendes Feld,
Flüsternde Sage,
Lug in die Welt!

Wenn in stiller Stunde Träume mich umweh'n,
bringen frohe Kunde Geister ungeseh'n,
reden von dem Lande meiner Heimat mir,
hellem Meeresstrande, düsterm Waldrevier.

Weiße Segel fliegen auf der blauen See,
weiße Möwen wiegen in der blauen Höh;
blaue Wälder krönen weißer Dünen Sand –
Pommerland, mein Sehnen ist dir zugewandt!

Aus der Ferne wendet sich zu dir mein Sinn,
aus der Ferne sendet trauten Gruß er hin:
Traget, laue Winde, meinen Gruß und Sang,
wehet leis und linde treuer Liebe Klang!

Bist ja doch das eine auf der ganzen Welt,
bist ja mein, ich deine, treu dir zugesellt.
Kannst ja doch von allen, die ich je geseh'n,
mir allein gefallen, Pommerland so schön!

Jetzt bin ich im Wandern, bin bald hier, bald dort;
doch aus allen andern treibt mich's immer fort.
Bis in dir ich wieder finde meine Ruh,
send' ich meine Lieder, dir, o Heimat, zu!

Das Land

Weit erstreckt sich das flache Land, unabsehbar weit. Es ist Plattland, und die Sprache seiner Bewohner greift mir ans Herz. Schön ist dort oben das flache, weite Land! Wohin das Auge blickt, Felder und Wiesen, und immer wieder Felder und Wiesen. Den Horizont umfaßt ein schwarzes Band. Das sind die Kiefernwälder, deren Stämme feierlichen Säulen aus Porphyr gleichen, deren Wipfel Dome bilden, die der Sturm durchbraust wie mit Orgelklang ... *Richard Voss, Meine Heimat*

Ernst Moritz Arndt
Dichter der Freiheitskriege
1769 — 1860

Caspar David Friedrich
Maler der Romantik
1774 — 1840

Philipp Otto Runge
Maler der Romantik
1777 — 1810

Rudolf Virchow
Arzt, Anthropologe, Politiker
1821 — 1902

Heinrich von Stephan
Gründer des Weltpostvereins
1831 — 1897

Otto Lilienthal
Ingenieur, erster Segelflieger
1848 — 1896

Paul Nipkow
Pionier des Fernsehwesens
1860 — 1940

Gauer Roat

Eisde 't Piep inne Brand, dennache 't Peer utm Groawe.

Die kleinen Gänslein

Suse, lewe Bruse, wat rasselt int Stroh?
Dat sünd de leben Göschels, de hebben keen Schoh.
De Schoster hett Ledder, keen Lesten dorto.
So gahn de leben Göschels un hebben keene Schoh.

Allerlei Schnick und Schnack

»Ick heff keen Tid«, säd de Voß, dor segg hei den Jäger koame.

»Ick warr keen Narr sien«, säd de Wulf, »un mi vun de Schap bieten laten«.

»Wo man singt, da laß dich ruhig nieder«, sä de Düwel, den sed hei sick in'n Immenschwarm.

Bauernregeln

Dreikönigsoawend hell un kloar, jifft'n riekes, fettes Joahr.

Wenn Februor väl Rägen füllt, bringt de Aust den Buern Jild.

März natt is för't Katt, dröj mut'e sin för't Koon unne Wien.

Wet euwer koahl Bööm dunnert, jifft väl Oaft.

Schmitt de Adebor 'n Ei ut' Nest, gifft 'n gauden Aust; schmitt he 'n Jung' rut, kümmt 'ne düre Tied.

Jifft im Juni Dunnerwetter, waret Jäes utt Roje väl fetter.

Wenn de Adebor bet na Bartholomaei blifft, jifft 'n gelinnen Winter.

Das Leben meistern ...

Die schönste Weltanschauung ist die des Humors. Kein Mensch wird über ihn hinauskommen. Alle Genies haben Humor. *C. L. Schleich*

Bewahre einen reinen kindlichen Sinn in dir, und folge unbedingt der Stimme deines Innern: denn sie ist das Göttliche in uns und führt uns nicht irre. *C. D. Friedrich*

Das Leben ist kein ewiger Krieg und soll es nicht sein, aber es ist Kampf und Ringen und wird und muß es bleiben, wenn wir nicht einschlafen wollen. *E. M. Arndt*

Miniatur aus einer Handschrift des Sachsenspiegels mit dem Wappen von Brandenburg

Oderlandschaft bei Odereck südlich Züllichau

Ostbrandenburg

Ostbrandenburg – Vorfeld Berlins

Besonders kraß kam die Willkür der Teilung Deutschlands in Ostbrandenburg zum Ausdruck. In langer Front zerschnitten Oder und Neiße hier deutsche Städte und die Provinz, deren natürliches Herzstück Berlin bildete. Nur 50 km sind es vom Berliner Autobahnring bis zu dieser Demarkationslinie.

Immer hat Ostbrandenburg zum Vorfeld Berlins gehört. Es war – zusammen mit dem ehemals posenschen Gebiet beiderseits der Obra – nicht nur ein wichtiger landwirtschaftlicher Versorgungsraum für die Reichshauptstadt, sondern auch ein gern aufgesuchtes Ausflugsgebiet der Berliner. Obwohl vor den Toren der Weltstadt gelegen, wurde die stille Abgeschiedenheit des Ostbrandenburger Landes vom großen Verkehr gemieden. Dunkle Seen, eingebettet in bewaldete Hügel, wechseln ab mit weiten Ackerfluren. Strom und fruchtbare Niederung mit Bruch und Wiesen ergänzen das Bild der Landschaft.

Die gewerbliche Wirtschaft war derjenigen der nahen Weltstadt Berlin nicht gewachsen. Ostbrandenburg ist deshalb im wesentlichen immer Bauernland geblieben.

Friedlich und behäbig lagen reiche Bauerndörfer inmitten von Feld und Wald. Rund ein Drittel des Ackerlandes wurde mit Getreide, vor allem mit Roggen bestellt; etwa ein Fünftel nahm der Anbau von Kartoffeln ein. Bei hohen Hektarerträgen war Ost-Brandenburg, trotz der meist leichten Böden, in den letzten Jahrzehnten vor dem Krieg zu einem wichtigen landwirtschaftlichen Überschußgebiet geworden. Sorgfältige Bodenbearbeitung, wertvolles Saatgut und überlegte Düngung hatten die mindere Güte des Bodens wettgemacht.

Textilindustrie als wichtige Erwerbsquelle

Die Industrie spielte im Wirtschaftsleben Ostbrandenburgs eine verhältnismäßig unbedeutende Rolle – mit einer Ausnahme, der *Textilindustrie*. Ihr Schwerpunkt lag in der *Lausitz*. Grundlage hierzu bildete in früheren Jahrhunderten die Schafzucht auf den kargen Sandböden des südlichen Landrückens. Als dann in den letzten Jahrzehnten in steigendem Maße Baumwollgewebe verlangt wurden, mußte man auf Einfuhren aus Übersee zurückgreifen. Aber nun halfen die *Braunkohlenvorkommen* in der Lausitz, diesen alten Wirtschaftszweig am Leben zu erhalten, ja, ihn zu neuer Blüte zu entwickeln.

Die Zahl der Beschäftigten in der Textilindustrie Ostbrandenburgs war schließlich doppelt so hoch wie die Zahl der Textilarbeiter Ostpreußens und Pommerns zusammen. Gubens Hutindustrie konnte bei einer jährlichen Produktion von 8 Millionen Stück vor dem Kriege jeden dritten Deutschen mit einem Hut versorgen.

Sankt Marien, die evangelische Hauptkirche von Frankfurt an der Oder: Nordportal mit Skulpturenschmuck vom Ende des vierzehnten Jahrhunderts

Hauptbahnen
Nebenbahnen
Autobahnen
Hauptverkehrsstrassen

Maßstab 1:1000000 — 0 5 10 20 30 40 km

Höhenschichten

0 - 50	50 - 100	100 - 200	200 - 300

Burg, Schloß
Ruine
Klosterruine
Schlachtort
Beginn der Flußschiffahrt
Kanäle
Sumpf, Moor

Oder-Neiße-Linie, heutige Westgrenze Polens

Bearbeitungsstand 1938

Das Rathaus in Königsberg/Neumark, ein Prachtbau der Backsteingotik; um 1410 erbaut

Geteilte Städte

Die Städte Ostbrandenburgs waren zumeist kleine verträumte Landstädtchen, oft mit schönen alten Toren, stolzen Rathäusern und ehrwürdigen Kirchen. Sie sind Versorgungszentren für das umliegende Land gewesen und hatten kleinere Gewerbebetriebe, die die landwirtschaftlichen Produkte der Umgebung verarbeiteten: Brennereien und Brauereien, Malz- und Kartoffelflockenfabriken, Mühlen usw. Die Oder-Neiße-Grenzziehung hat die an jenen Flüssen gelegenen vier größten Städte des Landes *Küstrin* (23800 Einwohner), *Frankfurt a. d. Oder* (92853 Einwohner), *Guben* (45773 Einwohner) und *Forst* (44655 Einwohner) besonders hart getroffen, denn sie wurden nach 700 Jahren deutscher Geschichte in einen deutschen und einen polnischen Teil zerrissen. Der größere Teil Gubens, mit Markt und Rathaus, liegt heute in Polen. Forst, das mit 500 Tuchfabriken früher ⅙ des deutschen Tuchbedarfs deckte, verlor durch die Teilung seine wirtschaftliche Bedeutung. Die Regierungsbezirkshauptstadt Frankfurt wurde von ihrer Dammvorstadt getrennt. Der Grundriß der vor über 700 Jahren gegründeten Stadt zeigt das für ostdeutsche Städte bezeichnende Schachbrettmuster. Frankfurt war über 100 Jahre lang Mitglied der Hanse und von 1506 bis 1811 Universitätsstadt. 1945 wurde die rege Industrie-, Handels- und Verwaltungsstadt zu 55% zerstört. Küstrin gehört heute ganz zu Polen. Sein Schiffbau, seine Maschinen-, Dachpappe-, Malz- und Kartoffelmehlfabriken gingen 1945 bei der nahezu völligen Zerstörung der Stadt mit zugrunde.

Landsberg – ein landwirtschaftliches Forschungszentrum

Die einzige größere Stadt im Landesinnern war *Landsberg* (48 000 Einwohner), wirtschaftlicher und kultureller Mittelpunkt für den nördlichen Teil Ostbrandenburgs. Von besonderer Bedeutung war seine Jutespinnerei und -weberei. Daneben gab es Netz- und Kabelwerke, Schiff- und Maschinenbau, Lebensmittel- und Zigarrenfabriken. Namhafte Fortbildungs- und Versuchsanstalten machten Landsberg zu einem wichtigen landwirtschaftlichen Ausbildungs- und Forschungszentrum für den gesamten mittleren Osten Deutschlands.

Träge durchfließt die Warthe die Urlandschaft des Warthebruchs zwischen Landsberg und Küstrin

Niederschlesien

Oberschlesien

Motiv am Bober, einem linken Nebenfluß der Oder

Schlesien

Schlesien – ein Durchgangsland mit alten Straßen

Infolge seiner günstigen Verkehrslage war Schlesien schon vor Jahrhunderten ein wichtiges Durchgangsland für den europäischen Fernverkehr. Es verband den Norden mit dem Süden, den Osten mit dem Westen. Das Land ist von der Ostsee wie von der Adria, vom Schwarzen Meer wie von der flandrischen Küste gleich weit entfernt. Auch die Sudeten bilden keine unübersteigbare Mauer; sie bieten vielmehr verkehrsfreundliche Durchlässe. Schon in vorgeschichtlicher Zeit führte von der bernsteinliefernden Ostsee eine Bernsteinstraße durch das Odertal und die Mährische Pforte ins Wiener Becken. Große Bedeutung für den Waren- und Personenverkehr des Mittelalters hatte die Hohe Straße, die am Nordende der deutschen Mittelgebirge von Leipzig über Breslau und Krakau nach Kiew führte; durch Querverbindungen war sie auch über Frankfurt (Oder) mit Stettin und über Posen mit Danzig verbunden. Aber nicht nur Kaufleute zogen auf den schlesischen Straßen dahin; auch Bauern und Bürger, Handwerker und Werkleute aus West- und Mitteldeutschland, vor allem aus Franken, Obersachsen und Thüringen wanderten vor mehr als 700 Jahren ins Land und begannen die Wälder zu roden, Dörfer und Städte zu bauen. Durch die willkürliche Grenzziehung 1945 entlang der Oder und Neiße war Schlesiens Entwicklung als Durchgangsland und Vermittler zwischen Ost und West jäh unterbrochen worden.

Die Schlesische Tieflandbucht

Die Schlesische Tieflandbucht, der südlichste Ausläufer des Norddeutschen Tieflandes, ist das Herzstück der vielgestaltigen schlesischen Landschaft. Da ist das Odertal mit seinen Auen und Wäldern, seinen saftigen Wiesen und üppigen Feldern – da ist die ins Hügelland übergehende Ebene, das östliche Hügelland – da ist westlich der Oder das fruchtbare Ackerland, und da ist schließlich die aufgerissene Bergbau- und Industrielandschaft von Oberschlesien. Einen sehr schönen Überblick über das schlesische Land hat man von dem aus vielen Sagen bekannten *Zobten*. Von dort schauen wir weit über die Ackerflächen der Mittelschlesischen Ebene, die nur selten von Waldstreifen unterbrochen wird. Die ausgedehnten Fluren zeigen, daß hier Großgrundbesitz vorherrscht. In vielen Dörfern steht ein Herrenhaus, neben dem die Gutshöfe und die Wirtschaftsgebäude liegen.

Gleich einem grünen Teppich dehnen sich im Frühjahr die Felder aus. Blühende Kirschbäume begleiten auf langen Strecken die Landschaft. Zu Beginn des Sommers leuchten weithin schwefelgelbe Rapsfelder und roter Klee. Weidendes Vieh fehlt im allgemeinen; da das Gras infolge des verhältnismäßig trockenen Klimas nur langsam wächst, geben die Wiesen nur geringen Heuertrag. Wenn im Herbst die Felder abgeerntet sind, leuchtet nur noch das Grün der Zuckerrüben; ihre Ernte beginnt erst im Oktober. Die Fabriken, in denen die Rüben zu Rohzucker verarbeitet werden, liegen oft inmitten der weiten Felder.

Land rechts und links der Oder

Die Oder ist die Mitte Schlesiens. In fast symmetrischer Anordnung durchzieht sie mit ihren Nebenflüssen und deren unzähligen kleinen Zuflüssen das Land. Als einigendes langes Band prägt sie mit ihren Wald- und Wiesenauen das Gesicht der schlesischen Landschaft; sie ist darüber hinaus die Wasserstraße, die von Nordwesten her in den Eingang zum Südosten Europas, die Mährische Pforte, hineinführt.

Die Oder entspringt in den Waldbergen des Mährischen Gesenkes westlich der Mährischen Pforte und mündet nach einem Lauf von

Gebirgslandschaft bei Wünschelburg unterhalb des Heuscheuergebirges, westlich von Glatz

Das Renaissance-Rathaus (16. Jahrhundert) der Stadt Brieg

850 km in das Stettiner Haff und schließlich in die Ostsee. Von der alten oberschlesischen Herzogstadt *Ratibor* an wird die Oder schiffbar. Eichenwälder säumen den Lauf des von hier aus breiter werdenden Stromes.

Auch weiterhin fließt die Oder durch waldreiches Land, das zeitweilig von ausgedehnten Wiesen abgelöst wird. Die Zahl der Motorschiffe und Oderkähne, die die große Wasserstraße von Oberschlesien zur Ostsee befahren, nimmt bei *Oppeln* immer mehr zu.

In ihren Tumbagräbern liegen die Oppelner Piastenherzöge. Unterhalb der Stadt fließt der Strom, immer wieder von Wäldern gesäumt, an *Brieg* vorbei durch Niederschlesien, bis er *Breslau* erreicht. An einer Strombiegung liegt das Zisterzienser-Kloster *Leubus*. Es wurde im 12. Jahrhundert gegründet und nach Zerstörungen in den Hussitenkriegen nach dem 30jährigen Krieg wieder aufgebaut. Unterhalb von Leubus durchbricht die Oder den schlesischen Höhenrücken und erreicht, an altertümlichen Städten wie *Glogau* und *Neusalz* vorbeifließend, *Grünberg*. Hier ist das östlichste deutsche Weinbaugebiet. In Grünberg entstand die älteste deutsche Schaumweinkellerei. Wenige Kilometer nördlich der Stadt verläßt die Oder schlesisches Land und fließt nach Brandenburg.

Patschkau (Oberschlesien), eine schachbrettartige Stadtanlage wie bei vielen mittelalterlichen Stadtgründungen im Osten

Links: Görlitz ist eine durch die Grenze an der Neiße geteilte Stadt. Das Bild zeigt den Blick vom Rathausturm auf den Obermarkt.

Schlesien

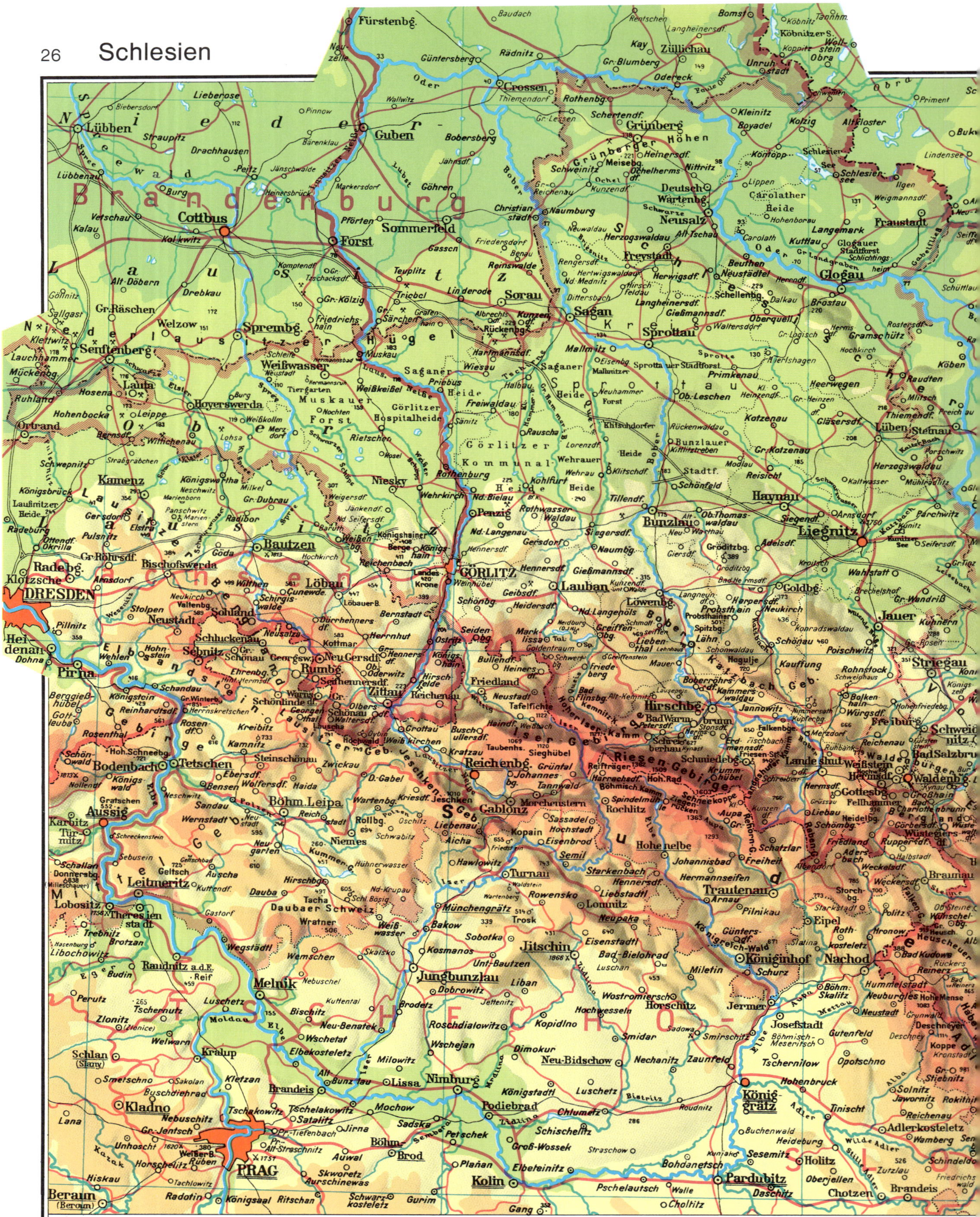

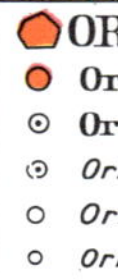

ORT von über 100 000 Einw.	Städte sind rot gefüllt od. durch einen Punkt gekennzeichnet	
Ort „ 50 — 100 000 „		
Ort „ 10 — 50 000 „		
Ort „ 5 — 10 000 „	Die Hauptorte der Länder, Provinzen u. Regierungsbezirke sind doppelt,	
Ort „ 1 — 5 000 „	die der Kreise einfach unterstrichen	
Ort „ unter 1 000 ——		

Grenze Deutschlands von 1937
nach 1918 von Schlesien abgetrennte Gebiete
Staatengrenzen
Provinzgrenzen
Reg.-Bez. Grenzen
Kreisgrenzen
Grenze des Sudetenlandes
Oder-Neiße-Linie, heutige Westgrenze Polens

Hauptbahnen
Nebenbahnen
Autobahnen
Wichtige Straßen
Kanäle

Burg, Sc
Ruine
Kloster
Badeort
Bergwerk

Bearbeitungsstand 1

Maßstab 1:1000000 0 5 10 20 30 40 km

Hö

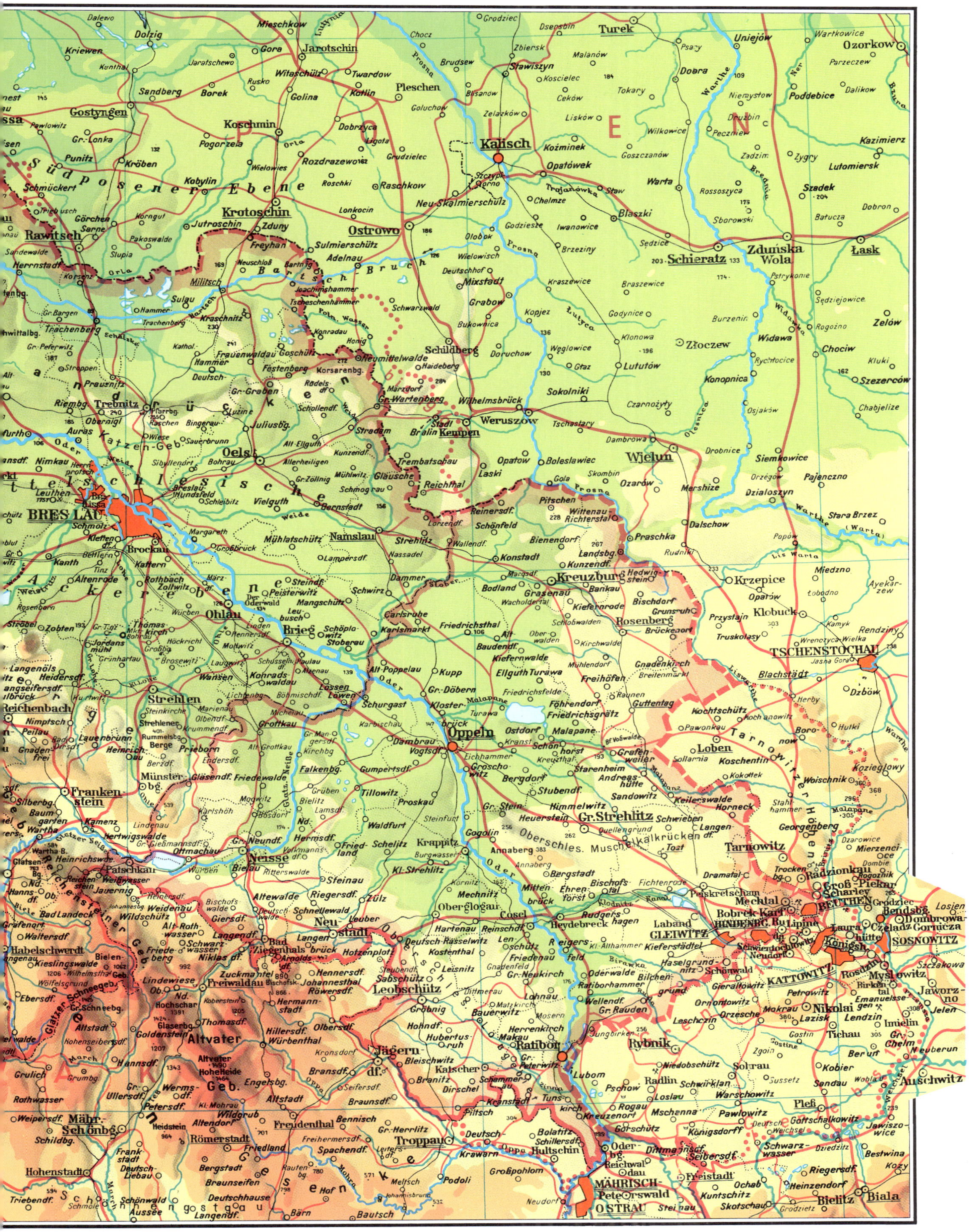

chten:

0-100	100-200	200-300	300-500	500-700	700-1000	über 1000

Die schlesische Stadt Prausnitz, 30 km nördlich von Breslau

Breslau

Die *Hauptstadt Schlesiens* war einst nach Berlin die größte deutsche Stadt östlich der Elbe. Breslau liegt im Herzen der Schlesischen Tieflandbucht an einem wichtigen Oderübergang. Es war Hauptsammelpunkt der Erzeugnisse der schlesischen landwirtschaftlichen Produkte (Wollmarkt, Flachsmarkt, Honigmarkt). Als Messestadt entsprach Breslau durchaus einer alten Aufgabe, Vermittlungsstelle zwischen den Waren West-, Mittel- und Osteuropas zu sein. Die Messehallen lagen neben der Jahrhunderthalle, einem der größten Kuppelbauten auf deutschem Boden. Die Stadt war Sitz eines Erzbischofs.

Schon im Mittelalter war Breslau eine wohlhabende Stadt. Der Reichtum der sie umgebenden Ackerbaulandschaft und die günstige Verkehrslage als Oder-Brückenkopf und Handelsplatz hatten sie groß und mächtig gemacht. Das prächtige spätgotische Rathaus erzählt von der einstigen Macht der Bürgerschaft. Die hohen Giebelhäuser am Ring zeugten vom Reichtum der Breslauer Kaufleute, zahlreiche Kirchen und weiträumige Klöster von der Frömmigkeit der Bewohner.

Riesengebirge und Glatzer Bergland

Das Riesengebirge ist das am schroffsten aufsteigende deutsche Mittelgebirge. Der kahle, nur mit Flechten und Moosen überzogene und mit zahllosen Gesteinstrümmern bedeckte Kamm überragt die Waldgrenze um mehrere hundert Meter. Wie ein mächtiger Wall von über 1000 m Höhe baut sich das Gebirge vor uns auf – ein Anblick, wie

Ein Schleppzug auf der Oder, bei Maltsch, unterhalb Breslau

Die Altstadt von Breslau mit dem alten viereckigen Marktplatz, dem Ring

er sich uns in Mitteleuropa außerhalb der Alpen sonst nirgends darbietet. In den Hang des Riesengebirgskammes sind vier zirkusförmige Kessel (Kare) eingesenkt, die 250 m tiefen sogenannten *Schneegruben*. Ihre letzten Schneereste blinken noch im Hochsommer in die Ebene hinaus, ja sie halten sich mitunter sogar bis zum Frühherbst, wenn wieder Neuschnee fällt.

Der Weg führt von *Krummhübel*, am Fuße des Gebirges zwischen den Vorbergen, in einem Tal aufwärts. In etwa 600 Meter Höhe hören die Felder auf; an ihre Stelle tritt der Wald, der sich zunächst streifenförmig zwischen die Felder schiebt. Bäche eilen die Höhen herunter; sie treiben Mühlen, die für die Papierherstellung Holz sägen und schleifen.

Der *Melzergrund*, eine lange Waldschlucht, zieht sich bis dicht an den steilen Absturz der *Schneekoppe* hin. Am Ende der Schlucht führt der Pfad in Windungen zum Gebirgskamm empor. Die Bäume werden immer zerzauster und niedriger; bei 1300 m überschreitet man die Baumgrenze. Auf der Höhe liegen Bergwiesen; über dem kurzen Rasen wächst dicht an der Erde Knieholz und bildet runde Büsche. Hier und dort ragen kahle Felsen über den moorigen Wiesen empor. Das weiße, zottige Haar des Teufelsbartes zwischen Moosen und Steinflechten mahnt an den Berggeist Rübezahl.

Langsam windet sich der Weg weiter aufwärts. Wenn der Nebel sich etwas lichtet, erkennt man auf der 1600 m hohen Gipfelfläche Gebäude: die Wetterwarte, die runde Kuppel und das Gasthaus. Kalt weht hier oben der Wind; die mittlere Jahrestemperatur ist nur 0°, während sie für Breslau +8,5°C beträgt.

Eine herrliche Aussicht bietet sich von der Schneekoppe. 100 bis 150 km weit schaut man hinab auf das Land ringsum. Wie auf einer Landkarte erscheinen der schlesische und der böhmische Kamm, dazwischen die *Sieben Gründe*, in denen sich die Quellbäche der Elbe

Breslau, die von der Oder umflossene Sandinsel mit der Kirche St. Maria auf dem Sande (12./14. Jahrundert)

Das mittelalterliche gotische Rathaus am Ring in Breslau

Im Riesengebirge: Die Schneekoppe mit der Riesenbaude

sammeln; mehr als 1000 m tiefer liegt das grüne Land des *Hirschberger Kessels*.

Auch das *Glatzer Bergland*, das den *Glatzer Kessel* umschließt, gehört zu den besonders eindrucksvollen Gebirgslandschaften Deutschlands. Hier liegen die berühmten Bäder *Bad Reinerz, Bad Kudowu* und *Bad Landeck*. In diesem Teil der Sudeten, vor allem aber in dem weiten, fruchtbaren Vorland, wird eine lebhafte Industrie betrieben, deren Hauptzweig im Glatzer Kessel *die Industrie auf Steine und Erden*, im Vorland die Textilindustrie ist. *Reichenbach* und *Langenbielau* sind die Hauptorte. Die Glatzer Neiße sammelt, in nördlicher Richtung fließend, sämtliche Gewässer des Glatzer Kessels. Beim Eintritt in das Vorland biegt sie zunächst nach Osten ab, füllt bei *Ottmachau* den größten Stausee Schlesiens und nimmt erst unterhalb der Stadt *Neisse* wieder ihre Richtung nach Norden auf, um zwischen Oppeln und Brieg die Oder zu erreichen.

Waldenburger Bergland

Eine Sonderstellung nimmt das *Waldenburger Bergland* ein. Es bildet eine Einsenkung zwischen dem Riesengebirge und den Glatzer Gebirgen und ist als solches von jeher ein wichtiges Durchgangsland gewesen. Unter einer festen Decke vulkanischer Gesteinsmassen befindet sich ein Kohlengebirge. Das unmittelbare Nebeneinander ho-

Hirschberg im Riesengebirge, im dreizehnten Jahrhundert in einem Rodungsbezirk entstanden, war einst ein sehr beliebtes Reise- und Wanderziel

Links: Neisse/Oberschlesien: Das alte Rathaus mit 88 m hohem Turm

Der Annaberg, das Wahrzeichen Oberschlesiens

her, bewaldeter Bergkuppen aus Porphyr und Mulden, in denen die Bergwerkshalden sich häufen und die Hochöfen rauchen, umrahmt von ausgedehnten Dorfsiedlungen der Bergleute, bietet ein sehr eigenartiges Landschaftsbild. Das *Waldenburger Revier* ist für die Industrie Schlesiens wegen seiner für die Verkokung hervorragend geeigneten Kohle von größter Bedeutung geworden. Außer Steinkohlen wird bei Waldenburg auch Eisenerz gefördert.

Im Bergland sind *Waldenburg* und *Landeshut*, im vorgelagerten Hügelland *Schweidnitz* und *Striegau* die Hauptorte des auch heute noch industriereichen Landes. Neben Kohlenförderung ist die Textilindustrie von Bedeutung.

Schlesische Webstube mit Handwebstuhl und Spinnrad

Oberschlesien

An die Schlesische Tieflandbucht grenzt mit einer deutlichen Stufe östlich und südlich von Oppeln – seit 1922 Hauptstadt der Provinz Oberschlesien – die Oberschlesische Platte. Der gesamte westliche Teil Oberschlesiens ist erfüllt von urwüchsigen Wäldern und fruchtbarem Ackerland, das im südlichen Teil sogar Lößboden hat. Der südöstliche Teil ist von der auf reichen Kohle- und Erzvorkommen gewachsenen Bergbau- und Industrielandschaft geprägt. Schon im Mittelalter blühte dort der Bergbau auf Silber, Blei, Zink und Eisen. Aber das zweitgrößte Industriegebiet Deutschlands entwickelte sich erst in preußischer Zeit im 18. und 19. Jahrhundert zum „Ruhrgebiet" des deutschen Ostens. 1985 förderte Oberschlesien dreimal so viel Steinkohle wie das Ruhrgebiet. Die vielen Kalkvorkommen führten zur Entwicklung einer bedeutenden Zementindustrie. Die chemische Industrie, die Eisenindustrie – von der Rohstahl-Erzeugung bis zur Maschinen-Industrie – und die Zinkindustrie – von der Rohzinkgewinnung bis zur Zinkblockerzeugung und Weiterverarbeitung – standen zu Beginn des 20. Jh. in voller Blüte.

Oberschlesien hatte ein schweres Grenzlandschicksal. Waren seine südlichen Landesteile schon durch den Frieden zwischen Preußen und Österreich (1763) endgültig abgeteilt (Österreich-Oberschlesien), so wurde 1922 Ostoberschlesien nach einer von der Bevölkerung erzwungenen Abstimmung – entgegen dem klaren Votum für einen Verbleib bei Deutschland – abgetrennt und dem neu entstandenen polnischen Staat zugeschlagen. Während die deutsche Bevölkerung in den übrigen Oder-Neiße-Gebieten weitgehend vertrieben wurde, sind in Oberschlesien fast 1 Million Deutsche verblieben. Mehr als 300 000 von ihnen betrieben auf Grund der politischen Entwicklung der siebziger Jahre ihre Ausreise nach der Bundesrepublik Deutschland.

Jakob Böhme
Naturphilosoph
1575 — 1624

Adolf von Menzel
Maler und Graphiker
1815 — 1905

Mein Schlesierland

Wer die Welt am Stab' durchmessen,
wenn der Weg in Blüten stand,
nimmer konnt' er doch vergessen
glückberauscht sein Heimatland.
Und wenn tausend Sangesweisen
nur der Fremde Lob entquillt,
einzig will das Land ich preisen,
dem mein ganzes Sehnen gilt:
sei gegrüßt am schönen Oderstrand,
traute Heimat, traute Heimat,
Schlesien, du mein liebes Heimatland,
Schlesien, du mein Heimatland!

Schlesierland, du Länderkrone,
sei gegrüßt viel tausendmal,
wo auf sagenreichem Throne
mächtig herrscht Geist Rübezahl.
Wo im Volke stets auf's neue
deutscher Freiheit Odem weht,
wo als Bild von Männertreue
kühn der alte Zobten steht.
Sei gegrüßt am schönen Oderstrand . . .

Graue Burgen zaub'risch winken
von den Bergen hoch und hehr,
wo im tiefen Schachte blinken
Erz und Kohle blank und schwer.
Weißes Linnen, Stolz der Mädchen,
bleicht im gold'nen Sonnenschein,
lustig schwirren Spill und Rädchen,
Sang und Sage klingen drein.
Sei gegrüßt am schönen Oderstrand . . .

Christian Wolff
Verfechter des Rationalismus
1679 — 1754

Gustav Freytag
Verfasser historischer Romane
1816 — 1895

Die Oder

Die Oder ist unter den deutschen Flüssen wie ein Bauernweib unter Großen und Edlen. Sie ist nicht so reich wie die Elbe, nicht so munter wie die Weser, nicht so königlich wie der Rhein, nicht so machtvoll wie die Donau. Kalk und Kohlenstaub liegen auf ihrem Kleide von Jugend an. Mit rüstigen Händen schleppt sie Güter aller Art in den Hausstand. Breit und behäbig schreitet sie durch den mühereichen Tag; manchmal, zur Abendzeit, summt sie zwischen Eichen- und Erlenbüschen ein einförmiges Lied. In der Nacht steckt sie einsame Lichter an, Laternen auf langsam dahinschleichenden Lastkähnen, Feuerchen für schweigsame Schiffer, die darin ihre Suppe wärmen.

Das stille Bauernweib hat merkwürdig geartete Kinder, viele, in ihrer Art unterschieden. Da ist der Bober, ein wilder Gesell, der in unbändiger Jugendlust und überschäumender Kraft von den Riesenbergen springt und in unzähmbaren Launen manches Unheil anrichtet. Da ist der Neißefluß, der Träumer, der an den Kirchen dahingeht, der zu den wilden Sandsteinfelsen der Heuscheuer hinaufstarrt, der am Gnadenorte Buße tut, da ist der lustige, sprudelnde Katzbachfluß, da ist die Warthe, das häßlichste und doch das stärkste Kind der Oder, ein Mädchen.

Einmal, wie wohl jedes Bauernweib, kommt die Oder auch nach der Hauptstadt, nach Breslau. Dort hört sie die Domglocken klingen und nimmt das Bild der Türme in den Spiegel ihrer Seele auf. Aber viel Volk treibt auch hier Schabernack mit ihr mit Rudern, Segeln, Baden und viel Gelächter. Die Mutter Oder verweilt nicht lange, kaum zwei Stunden. Weiter trägt sie ihre Lasten an schweren, fruchtbaren Feldern vorbei. So kommt sie nach Leubus, dem ehemals stolzen, sagenberühmten Kloster. Die Hügel von Grünberg tauchen auf. Sie läßt sich mächtige Fässer Grünberger Weines aufladen und weiß, daß dieser Wein nach anderen Gegenden verschickt wird, von wo er als Edelwein mit berühmten Aufschriften in die Welt geht.

Paul Keller

Friedrich E. D. Schleiermacher
Theologe und Philosoph
1768 — 1834

Gerhart Hauptmann
Dichter (Dramen, Romane)
1862 — 1946

Ulk aus dem Riesengebirge

Ich bin zwar vo euch zwölfa
d'r kleenste Moon eim Johr,
doch tonzt nach menner Pfeife
zor Fosching jed'r Norr.
Hörst, Brud'r Jänner, ei — hätt' ick
su gruße Mocht wie du:
do ließ ich, men'r Treue,
dos Kalb gefriern ei d'r Kuh!

Othmar Fiebiger

Schlesier-Weisheit

Drei Möglichkeiten gibt es
für alle Menschen auf Erden,
um mit dem Leben fertig zu werden:
kauen, schlucken
oder die Brocken — ausspucken!
Und wer sich ewig drückt und duckt,
den hat das Schicksal bald verschluckt.

Othmar Fiebiger

Joseph Freiherr von Eichendorff
Dichter der Romantik
1788 — 1857

Hermann Stehr
Dichter
1864 — 1940

O Täler weit, o Höhen,
o schöner, grüner Wald,
du meiner Lust und Wehen
andächtiger Aufenthalt!
Da draußen, stets betrogen,
saust die geschäftige Welt,
schlag noch einmal den Bogen
um mich, du grünes Zelt!

Wenn es beginnt zu tagen,
die Erde dampft und blinkt,
die Vögel lustig schlagen,
daß dir dein Herz erklingt:
Da mag vergehn, verwehen
das trübe Erdenleid.
Da sollst du auferstehen
in junger Herrlichkeit!

Da steht im Wald geschrieben
ein stilles, ernstes Wort
vom rechten Tun und Lieben,
und was des Menschen Hort.
Ich habe treu gelesen
die Worte schlicht und wahr,
und durch mein ganzes Wesen
ward's unaussprechlich klar.

Bald werd ich dich verlassen,
fremd in der Fremde gehn,
auf buntbewegten Gassen
des Lebens Schauspiel sehn;
und mitten in dem Leben
wird deines Ernsts Gewalt
mich Einsamen erheben,
so wird mein Herz nicht alt.

Joseph von Eichendorff

Ostpreußen

Die Ordensstadt Frauenburg am Frischen Haff nach einer Darstellung aus dem sechzehnten Jahrhundert

Ostpreußen

Das Land – Wälder, Seen, Ackerland

Ostpreußen, Land zwischen Weichsel und Memel, zwischen Ostsee, Rominter und Johannisburger Heide, war der nordöstlichste Teil des Deutschen Reiches und seit dem Versailler Vertrag durch den *Polnischen Korridor* vom übrigen Deutschland abgetrennt.

Das Gesicht der Landschaft ist, wie das Pommerns und Brandenburgs, von der Eiszeit geformt worden. Wie ein Rückgrat durchzieht der breite, wellig gegliederte Preußische Höhenrücken (auch Preußische Seenplatte genannt) von Südwesten nach Nordosten das Land. An seinen beiden Flügeln liegen die höchsten Erhebungen: Die *Seesker Berge* (310 m) im Osten und die *Kernsdorfer Höhen* (313 m) im Westen. Tausende von kristallenen Wasserflächen, eingebettet in dunkle Kiefernwälder, entzückten Einheimische und Fremde. Kleine, teichartige Gewässer wechseln mit Seen bis zu 106 qkm, wie dem *Spirdingsee* und *Mauersee*. Unregelmäßig ist das Seebecken des Mauersees geformt; ihm steht die kreisrunde Form des *Lucknainer Sees* gegenüber. Inseln und Landvorsprünge mit kleinen Buchten tragen zum malerischen Aussehen bei. Die schmalen, langgestreckten Rinnenseen sind für das Oberland und Masuren charakteristisch. An vielen Stellen reihen sich Seeketten perlschnurartig aneinander und prägen die Landschaft. Bekannt ist die rund 60 km lange gewundene Seen-Rinne, die sich über das Städtchen Rhein bis in die Gegend von Johannisburg erstreckt. Die Rinnenseen sind gewöhnlich recht tief, die großen, weiten, zerlappten Seen dagegen zunächst ziemlich flach; sie haben einen 20 bis 25 m breiten Ufersaum mit einer Wassertiefe von nur 0,75 bis 1,5 m; dann allerdings fällt der flache Sandstreifen steil ab und erreicht in der Seemitte Tiefen bis zu 45 m.

An die Seenplatte schließt sich gegen Südosten zu eine weite, wenig fruchtbare Heidesandzone an, die große Kiefernwälder trägt. Das größte Waldgebiet ist die *Johannisburger Heide*. Nördlich des Höhenrückens dagegen liegt fruchtbares Land, eine flachwellige Hügelzone, in die weite Talauen eingesenkt sind. Hier im nordostpreußischen Wiesenland, zwischen Gumbinnen und Stallupönen, lag das ,,Paradies der Pferde''. Das Hauptgestüt, *Trakehnen*, wurde 1732, als die Pissa-Wiesen melioriert wurden, von Friedrich Wilhelm I. gegründet und entwickelte sich zu der weltbekannten Zuchtstätte für die edlen ostpreußischen Halbblutpferde. Das Gestüt umfaßte zuletzt mit seinen Vorwerken insgesamt etwa 25 000 Morgen Land. Im harten ostpreußischen Klima wuchsen die Trakehner auf vorbildlich gehaltenen Weiden auf. Von berittenen Gestütswärtern bewacht, tummelten sich die Fuchs-, Rappen- oder Braunen-Herden in nahezu völliger Freiheit. Diese Pferde haben heute in Schleswig-Holstein, im Odenwald und in Baden-Württemberg eine neue Heimat gefunden, und das Gestüt kann seine Tradition, arabisches oder englisches Vollblut mit altpreußischem Landschlag zu kreuzen, fortsetzen.

Zwischen Friedland und Tapiau liegt der 25 qkm große *Zehlauer Bruch*, ein noch wachsendes Hochmoor. Die fruchtbaren Moränenböden von *Natangen, Stablack* und *Ermland* brachten reiche Ernten. Am Frischen Haff blickt der Dom von Frauenburg über die See. Hier hat Nicolaus Copernicus gelebt und gewirkt. Die Frauenburg selbst erinnert daran, daß der Bischof von Ermland als einziger der vier im Ordensland residierenden Bischöfe seine Selbständigkeit wahrte. Seit 1466 gehörte Ermland nicht mehr zum Ordensstaat. So blieb es auch katholisch, als dieser 1525 lutherisches Herzogtum wurde. Auch mundartlich wich es von den übrigen Gebieten ab. Wurde in diesen vorwiegend niederdeutsch gesprochen, so hier überwiegend mitteldeutsch („käslausch“, die scherzhafte Form für „breslausch“).

Masurische Seenlandschaft: Blick auf den Niedersee und ausgedehnte Nadelwaldungen. Langgestreckte Rinnenformen der Seen deuten auf Strömungsrichtungen des einstigen Inlandeises hin

STADT über 100000 Einw.	Stadt unter 10000	Hauptbahn	Reg.-Bez.-Grenze	Schloß	Deich
STADT 50–100000	Marktort	Nebenbahn	Kreisgrenze	Försterei	Sumpf
Stadt 20–50000	Kirchdorf	Kleinbahn	Autobahn	Aussichtsturm	Rettungsstation
Stadt 10–20000	Dorf od. Gut	Landesgrenze, Stand 31.12.37	Landstraße	Denkmal	Heldenfriedhof
				Leuchtturm	Vorgeschichtl. Gräberfund
					Vorgesch. Siedlung

Ostpreußen und östliches Westpreußen mit Freier Stadt Danzig

Regierungsbez.- Kreishauptort

Abkürzungen: bch.- bach, bg.- berg, bg.- burg df.- dorf, fld, fde.- felde, hgn.- hagen, hsn.- hausen, hm.- heim, kirch, ngkn.- ningken, wlde.- walde, wdr.- werder

Meerestiefen: tiefer als 100 m | 100-50 | 50-20 | 20-10 | 10-0 m

Höhenschichten: unter dem Meeresspiegel | 0-50 | 50-100 | 100-200 | 200-300

Maßstab 1:750 000

0 5 10 15 20 25 km

Polnisch-sowjetische Demarkationslinie, jetzt Grenze zur Sowjetunion

Ostpreußischer Gutshof

Weiter westlich schließt sich das *Oberland* an, das von Elbing aus in südöstlicher Richtung bis zu den Kernsdorfer Höhen ansteigt. Das Oberland ist ein reiches Bauernland. Hier findet man noch stattliche Vorlaubenhäuser, deren Eingangssäulen von der Größe des Bauernhofes zeugen. Dunkle Hochwälder umsäumen langgestreckte und buchtenreiche eiszeitliche Rinnenseen.

Eine Besonderheit stellt der Wasserweg von Elbing nach Osterode dar; er durchquert den verlandenden Drausensee und überwindet mittels ,,schiefer Ebenen" – die Schiffe fahren auf eisernen Schienenwagen über Land – das Oberland bis zu 104 m Höhe. Die Erwartungen, die an den Bau des *Oberländer Kanals* geknüpft worden waren, erfüllten sich wegen der zu geringen Tragfähigkeit der Oberlandkähne nicht. Der Fremdenverkehr dagegen benutzte mit Vorliebe diese einzigartige Wasserstraße mit den fünf Rollbergen.

Dort, wo Oberland und Ermland in Masuren übergehen, liegt *Allenstein*, Hauptstadt des gleichnamigen Regierungsbezirkes mit einer ansehnlichen Burg des ermländischen Domkapitels. Was Tilsit für den Norden Ostpreußens war, bedeutete Allenstein für den Süden. Es war Mittelpunkt für Holz-, Textil- und Getreidehandel und Ausgangspunkt von sechs Bahnlinien.

Die Küste – Haffe, Nehrungen, Bernsteinküste

Von ganz besonderer Schönheit ist die ostpreußische Küstenlandschaft. Eine starke ufernahe Strömung, die Sand von der pommerschen Küste anschwemmte, hat hier im Laufe der Jahrhunderte Nehrungen geschaffen, wie man sie in dieser Länge kaum anderswo antrifft.

Trakehnen, das weltbekannte Gestüt, die Heimat der Trakehner Pferderasse

Die steile Abbruchküste des Samlandes bei Groß Dirschkeim mit Fischerbooten

Die *Frische Nehrung* vom Pillauer Tief bis Bodenwinkel ist rund 56 km lang und 0,5 bis 1,8 km breit. Die Dünen erheben sich bis zu 49 m. Die Nehrungsdörfer sind durch Sandgras, Strandhafer und Aufforstung vor Wanderdünen geschützt. Zwischen Festland und Nehrung liegt das Frische Haff, über 80 km lang und 7,5 bis 30 km breit; es erreicht mit 861 qkm etwa die eineinhalbfache Fläche des Bodensees. Die Tiefe beträgt jedoch nur 3 bis 6 m.

Die *Kurische Nehrung* von Cranz bis Sandkrug ist 98 km lang, mißt an der schmalsten Stelle 400 m, an der breitesten 3,5 km. Noch im letzten Jahrhundert fielen ganze Dörfer den Wanderdünen zum Opfer.

Die Dünen sind bis zu 66 m hoch. *Rossitten* mit seiner berühmten Vogelwarte, *Nidden* mit seinen gewaltigen Dünen sowie der beliebte Kur- und Badeort Schwarzort mit prächtigem Hochwald und Sandkrug als Badestrand von Memel an der Spitze der Nehrung sind bekannte Erholungsgebiete. Das Kurische Haff (90 km Länge und 45 km Breite) und die Ostsee stehen durch das 7,5 km lange Memeler Tief miteinander in Verbindung. Flachgehende Segelboote, die *Keitelkähne*, tragen Schnitzereien und Zeichen am Mast, die den Heimathafen erkennen lassen.

Bernsteinabbau in Palmnicken an der Samlandküste

Gleich der Kurischen Nehrung stellt die Memelniederung eine landschaftliche Einheit dar, die durch die Städte *Memel, Labiau* und *Tilsit* abgegrenzt wird. Zwischen der Haffküste mit breiten Schilfsäumen und der fruchtbaren Hohen Niederung liegen weithin Erlenbruchwaldungen, die von zahllosen, schwarzes Moorwasser führenden Bächen, Kanälen und Abzugsgräben durchzogen werden. Hier, wie auch auf der Kurischen Nehrung, ist der *Elch* anzutreffen. Hochmoore mit Birken und verkrüppelten Kiefern geben der Landschaft ihr Gepräge.

Hier fristeten Moosbruchbauern ihr kärgliches Dasein. Zwischen Nemonien, Lauknen und Timber mußten die Pferde im Großen Moosbruch breite Holzschuhe tragen, um nicht einzusinken. In den nördlichen Fischerdörfern Karkeln, Tawe, Inse u.a. wohnten die „Fischerwirte" in großen, breiten, mit Ecklauben und geschnitzten Giebelkreuzen verzierten Häusern. In der Hohen Niederung lebten Bauern auf Höfen mittlerer Größe mit Wiesen und Weideland und fruchtbaren Äckern. Seckenburg, Neukirch, Groß-Friedrichsdorf und Kuckernese (Kaukehmen) hatten sich als wichtigste Zuchtgebiete für Rindvieh herausgebildet. In den Molkereien dieser Orte entstand der berühmte *Tilsiter Käse*.

Eine „europäische Berühmtheit" ist der ostpreußische *Bernstein*, der an der Westküste des Samlandes gewonnen wird. Hier fällt – eine Besonderheit an der sonst flachen Ausgleichsküste – das Land in einem überaus steilen Kliff (bis zu 60 m) zur Ostsee ab.

Nur ein schmaler Strand mit Sand und viel Geröll ist dem schroffen Kliff vorgelagert. Die Wogen der Ostsee fressen sich in den Abhang hinein. Tiefe Aushöhlungen entstehen; überhängende Erdmassen stürzen ein und führen zu einem jährlichen Schwund von einem halben bis dreiviertel Meter Land.

Der Bernstein entstand aus dem Harz untergegangener Nadelwälder; er verwandelte sich unter Luftabschluß im Blauen Grund zu gelbem und braunem Bernstein. Die bernsteinführende Schicht zieht sich in einer Tiefe von 20 m und mehr unter der Erdoberfläche hin und reicht bis in die Ostsee.

Der Handel mit Samlandbernstein ging bereits im Altertum bis nach Rom und in den Orient. Bei *Palmnicken* wird der Bernstein seit 1875 bergwerksmäßig im Tagebau gewonnen. Die jährliche Förderung betrug vor dem Kriege mehrere tausend kg. Der größte Teil davon wurde industriell vor allem zur Lackgewinnung verwertet; aus etwa 1/4 bis 1/5 der Förderung entstanden in den staatlichen Bernsteinmanufakturen Schmuckwaren.

Das Memelland hat seit Beginn des 13. Jahrhunderts ununterbrochen zum Ordensstaat, zum Herzogtum und Staat Preußen und zum

Der Fischmarkt von Königsberg um die Jahrhundertwende. Blick vom Pregel über das Hundegatt zur Innenstadt

Deutschen Reich gehört. Die mehr als 700jährige Zugehörigkeit zu Ostpreußen ist lediglich in der Zeit von 1919 bis 1939 unterbrochen gewesen. Auf Grund des Versailler Vertrags 1919 an die Siegermächte abgetreten, wurde dieses „Memelgebiet" 1923 von Litauen besetzt und faktisch annektiert. Die zwischen England, Frankreich, Italien und Japan einerseits und Litauen andererseits 1924 abgeschlossene „Memelkonvention" sollte den Deutschen ein Minimum an Volksgruppenrecht und Selbstverwaltung sichern. Sie wurde in zunehmendem Maße von Litauen verletzt. Erst als die Deutschen sich immer heftiger zur Wehr setzten und Litauen sich wachsender militärischer Bedrohung durch Polen ausgesetzt sah, bot es dem Deutschen Reich Verhandlungen über eine beide Seiten befriedigende Regelung der Memelfrage an. Diese Verhandlungen führten zum deutsch-litauischen Staatsvertrag vom 22. März 1939, mit dem Litauen gegen die Rückgabe des Gebiets an Deutschland sich von diesem umfangreiche wirtschaftliche Rechte, insbesondere im Memeler Hafen, sicherte. Die Signatarmächte der Memelkonvention widersprachen dieser Vereinbarung nicht. England erkannte sie ausdrücklich „de jure" an. Dem Völkerbund hat das Memelland nie unterstanden.

Darkehmen a. d. Angerapp, Kreisstadt und Bahnknotenpunkt südlich von Gumbinnen, mit dem für Ostdeutschland typischen großen Markt

Königsberg

Königsberg war *Hauptstadt*, aber auch *Wirtschafts- und Verkehrszentrum* des vom Deutschen Reich nach 1919 getrennten und um das Memelgebiet verkleinerten, um die östlichen Restbestandteile Westpreußens vergrößerten Ostpreußens. Es besaß bedeutende Bauwerke aus der Ordenszeit (Dom, Schloß) und war seit 1701 Krönungsstadt der preußischen Könige. Außerdem besaß es eine Universität, an der *Immanuel Kant* lehrte, war Sitz der Deutschen Ostmesse und neben Stettin und Danzig ein bedeutender deutscher *Ostseehafen* mit den größten Getreidesilos des Kontinents. Neben Werften besaß es Zellstoff- und Maschinenfabriken.

Die Stadt Königsberg wurde 1945 unter dem Namen Kaliningrad als Hauptstadt des nördlichen Ostpreußens unter sowjetische Verwaltung gestellt. Der nördliche Teil Ostpreußens wird von der Sowjetunion als Oblast (= Bezirk oder Kreis) Kaliningrad bezeichnet und ist der Russischen Sozialistischen Föderativen Sowjetrepublik (RSFSR) angegliedert. Einst wohnten in Königsberg 370 000 Deutsche. Als Königsberg fiel, lebten in seinem Bereich noch etwa hunderttausend Deutsche – Königsberger und solche, die aus der Provinz in die Stadt geflüchtet waren. Ein Jahr später waren es nur noch 25 000. Die anderen waren verhungert, erfroren, an Krankheiten gestorben. Der Rest erhielt endlich in den Jahren 1947/48 von der Sowjetunion die Erlaubnis zur Ausreise in den Westen.

Maßstab 1:750 000 0 5 10 15 20 25 km — Grenze des Memelgebietes übrige Zeichenerklärung siehe Seite 34–35

1. *Land der dunk - len Wäl - der und kri - stall - nen Seen.*
Ü - ber wei - te Fel - der lich - te Wun - der gehn.
2. *Starke Bauern schreiten hinter Pferd und Pflug,*
über Ackerbreiten streicht der Vogelzug.
3. *Und die Meere rauschen den Choral der Zeit.*
Elche stehn und lauschen in die Ewigkeit.
4. *Tag ist aufgegangen über Haff und Moor.*
Licht hat angefangen, steigt im Ost empor.

Wälder und Menschen

Wahrscheinlich enthielt er (der Heimatort) von allen diesen Dingen nicht mehr als andre Walddörfer meiner Heimat, aber nirgends auf der Welt gab es so viele Seen und Moore, so viele Reiher und Adler, so viele Jäger mit wunderbar schimmernden Büchsen, so viele uralte Eichen und so viele süße Himbeeren wie auf der zweistündigen Wagenfahrt von unsrem Forsthaus nach dem großelterlichen Hause. Da zog hoch über unsrem Wagen der Fischadler zu seinem Horst, der aus unsrem See die Hechte holte und bei dessen schwermütigem Schrei in meiner Brust vielleicht zum erstenmal sich das rührte, was ich das »Unnennbare« hieß...

Ernst Wiechert

Kurenwimpel NIDDEN. 1890.

Die Frauen von Nidden

Die Frauen von Nidden standen am Strand,
über spähenden Augen die braune Hand,
und die Boote nahten in wilder Hast,
schwarze Wimpel flogen züngelnd am Mast.

Die Männer banden die Kähne fest
und schrieen: »Drüben wütet die Pest!
In der Niedrung von Heydekrug bis Schaaken
gehn die Leute im Trauerlaken!«

Da sprachen die Frauen: »Es hat nicht Not, —
vor unsrer Türe lauert der Tod,
jeden Tag, den uns Gott gegeben,
müssen wir ringen um unser Leben,

die wandernde Düne ist Leides genug,
Gott wird uns verschonen, der uns schlug!« —
Doch die Pest ist des Nachts gekommen,
mit den Elchen über das Haff geschwommen.

Drei Tage lang, drei Nächte lang,
wimmernd im Kirchstuhl die Glocke klang,
am vierten Morgen, schrill und jach,
ihre Stimme in Leide brach.

Und in dem Dorf, aus Kate und Haus,
sieben Frauen schritten heraus,
sie schritten barfuß und tief gebückt,
in schwarzen Kleidern, bunt bestickt.

Sie klommen die steile Düne hinan,
Schuh und Strümpfe legten sie an,
und sie sprachen: »Düne, wir sieben
sind allein noch übriggeblieben.

Kein Tischler lebt, der den Sarg uns schreint,
nicht Sohn noch Enkel, der uns beweint,
kein Pfarrer mehr, uns den Kelch zu geben,
nicht Knecht noch Magd ist mehr unten
am Leben, —

nun, weiße Düne, gib wohl acht:
Tür und Tor ist dir aufgemacht,
in unsre Stuben wirst du gehn,
Herd und Hof und Schober verwehn, —

Gott vergaß uns, er ließ uns verderben.
Sein verödetes Haus sollst du erben,
Kreuz und Bibel zum Spielzeug haben, —
nur, Mütterchen, komm uns zu begraben!

Schlage uns still ins Leichentuch,
du, unser Segen — einst unser Fluch.
Sieh, wir liegen und warten ganz mit Ruh.« —
Und die Düne kam und deckte sie zu.

Agnes Miegel

Immanuel Kant
Philosoph
1724 — 1804

Johann Georg Hamann
Philosoph
1730 — 1788

Johann Gottfried Herder
Geschichtsphilosoph, Dichter
1744 — 1803

Sprichwörter

Eaner kann wohl alleen äte
oawer nich alleen oarbeide.

Wer am Dag schleppt,
mot do ön er Nacht sin' Ruh hebbe.

E kleenet Etwas öss beter
als e grotet Gornüscht.

Wetterregeln

Späle em Februar de Micke,
mott de Buer nom Futter kicke.

Veel Regen im Aproll
öß nich dem Buer sin Woll.

Goder Roat

To rechter Tied de Händ jerährt,
to rechter Tied de Händ gefoaldt,
to rechter Tied dat Word jefährt,
to rechter Tied dat Mul jeholdt,
is goder Roat for Jung un Old

Erminia v. Olfers-Batocki

E. T. A. Hoffmann
Dichter, Musiker, Maler
1776 — 1822

Ferdinand Gregorovius
Kulturhistoriker
1821 — 1891

Lovis Corinth
Maler und Graphiker
1858 — 1925

Käthe Kollwitz
Graphikerin
1867 — 1945

Agnes Miegel
Dichterin
1879 — 1964

Ernst Wiechert
Dichter
1887 — 1950

Posen-Westpreußen

Grenzmark Posen-Westpreußen

Die Grenzmark Posen-Westpreußen war 1922 aus den beim Deutschen Reich verbliebenen westlichen Gebieten der Provinzen Posen und Westpreußen entstanden. Sie bildete keinen geschlossenen geographischen Raum, sondern setzte sich aus drei ungleichen, voneinander getrennten Gebietsteilen zusammen. Der nördlich gelegene Hauptteil umfaßte die Sanderzone auf der Südabdachung des Pommerschen Höhenrückens und Teile des Netze-Urstromtales. Der mittlere, an Brandenburg angrenzende Teil lag im wesentlichen zwischen dem Thorn-Eberswalder und dem Warschau-Berliner Urstromtal, der südliche – um Fraustadt – am Nordrand des Glogau-Baruther Urstromtales.

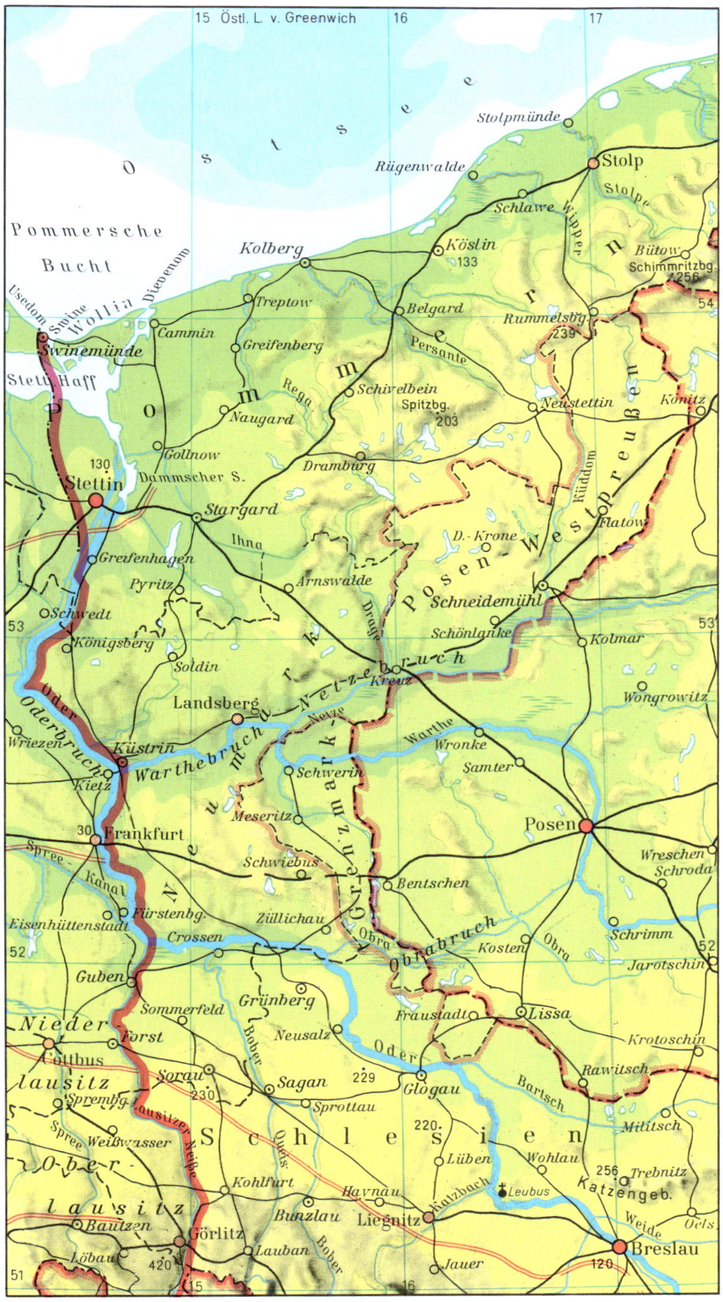

Bearbeitungsstand, Provinz- und Landesgrenzen von 1937

Maßstab 1 : 2,5 Mill.

Oder-Neiße-Linie, heutige Westgrenze Polens

Meseritz, ein Marktzentrum in der Obra-Niederung

Die sich südlich an den Pommerschen Landrücken anschließende Sanderzone ist ein flachwelliges Land, durchsetzt mit bewaldeten Hügeln und Bergen, die sich zwischen Schneidemühl und Deutsch-Krone bis zu über 200 m erheben (Dombrowa- oder Eichberg 207 m).

Die von Norden nach Süden in die Netze fließende *Küddow* gliedert den nördlichen Landesteil in zwei etwa gleich große Gebiete. Sie nimmt aus dem Nordosten und Nordwesten eine Anzahl kleiner Nebenflüsse auf, die vielfach langgestreckte eiszeitliche Rinnenseen durchfließen. Steilrandig ist der Abfall des Moränengürtels zur weiten Ebene des feuchten Urstromtales.

Hügelland und Ebene, Flüsse und Seen bestimmen auch das Landschaftsbild des mittleren Landesteiles an der *Obra* und das südliche Gebiet um *Fraustadt*.

Etwa die Hälfte der berufstätigen Bevölkerung war in der *Land- und Forstwirtschaft* beschäftigt.

Auf den in der Provinz überwiegenden Sandböden werden vor allem Roggen, Hafer und Kartoffeln angebaut. Wegen ihrer leichten Böden gehörte die Grenzmark zu den Gebieten mit den geringsten Hektarerträgen. Lediglich beim Kartoffelanbau lagen die Ernteerträge über dem Reichsdurchschnitt. Von besonderer Bedeutung für Gesamtdeutschland war die *Saatguterzeugung* von Roggen, Gerste, Hafer und Kartoffeln.

Auf den feuchten Niederungsböden, vor allem in den Urstromtälern, herrschte die Grünlandwirtschaft vor. Diese Gebiete sind weithin erst unter Friedrich dem Großen entwässert und besiedelt worden.

Ein großer Teil der sandigen Böden ist von ausgedehnten Wäldern (überwiegend Nadelholz), die hier „Heide" genannt wurden, bedeckt. Die Forstwirtschaft nahm daher einen wichtigen Platz in der Wirtschaft des Landes ein.

Das Reichsdankhaus in Schneidemühl, eine Stiftung des Deutschen Reiches und Preußens an die Bevölkerung der Grenzmark Posen-Westpreußen (1922)

Die *Industrie* der kleinen Städte beschränkte sich im wesentlichen auf die Verarbeitung land- und forstwirtschaftlicher Erzeugnisse in Kornmühlen, Brennereien, Stärkefabriken, Kartoffelflockenanlagen, Molkereien sowie Sägewerken und kleineren Papier- und Textilfabriken. Da auch Handel und Handwerk eng mit der Land- und Forstwirtschaft verbunden waren, lebten rund drei Viertel der Bevölkerung der Grenzmark Posen-Westpreußen mittel- oder unmittelbar vom Lande.

Die land- und forstwirtschaftlichen Besitzverhältnisse waren ausgewogen. Über zwei Drittel der landwirtschaftlichen Nutzfläche waren bäuerlicher Besitz. Von der forstwirtschaftlich genutzten Fläche gehörten drei Viertel zum Großgrundbesitz. Ein Viertel des gesamten Großgrundbesitzes war Staats- oder Gemeindeeigentum.

Die nicht natürlich gewachsene Grenzmark bildete *kein einheitliches Wirtschaftsgebiet*. Durch die Grenzziehung nach dem Ersten Weltkrieg wurden Deichverbände und Meliorationsgenossenschaften zerrissen. Vielen Städten fehlte nun das wirtschaftliche Hinterland. Die Grenzmark ist daher in der Vergangenheit oftmals wirtschaftliches Notstandsgebiet gewesen. Sie hatte den kleinsten Grundsteuerertrag in Deutschland und besaß im Verhältnis zu ihrer Fläche die geringste Eisenbahndichte innerhalb des Deutschen Reiches.

Eine Ausnahme bildete lediglich *Schneidemühl*. Als neue Hauptstadt einer Traditionsprovinz hart an der östlichen Reichsgrenze gelegen, genoß es eine wirkungsvolle Förderung durch die Staats- und Reichsregierung. Innerhalb kurzer Zeit entstanden zahlreiche neue Industrieanlagen, Kultur- und Bildungsstätten und große moderne Wohnviertel in gepflegten Parkanlagen. Schneidemühl, dessen Einwohnerzahl sich innerhalb von anderthalb Jahrzehnten nahezu verdoppelt hatte (1939: 46 000 Einwohner), galt als eine der modernsten Städte des deutschen Ostens.

Alle übrigen Städte der Grenzmark Posen-Westpreußen blieben kleine lokale Marktzentren ihrer landwirtschaftlichen Umgebung. Die meisten hatten weniger als 10 000 Einwohner, darunter viele Ackerbürger.

Bildete die Grenzmark wirtschaftlich und verkehrsmäßig kein einheitliches Gebiet, so war sie es auch nicht bevölkerungsmäßig. In Mundart und Brauchtum hatten sowohl Westpreußen und Pommern, Posener, Neumärker und Schlesier ihren bestimmten Anteil. Der *polnischen Minderheit*, die etwa 2% der Gesamtbevölkerung ausmachte, standen 26 staatlich geförderte Minderheitenschulen zur Verfügung, von denen sich allein 22 im Raume Flatow befanden.

Bei einer Längsausdehnung von über 400 km ist die Provinz im nördlichen Gebietsteil etwa 30 bis 60 km und im mittleren streckenweise nur 5 bis 10 km breit.

Mit 7 700 qkm Fläche und einer Einwohnerzahl von rund 350 000 (1939) war die Grenzmark Posen-Westpreußen die kleinste und die am dünnsten besiedelte preußische Provinz. Sie bildete zugleich einen einzigen Regierungsbezirk mit acht Landkreisen und einem Stadtkreis.

1938 wurde die Provinz Grenzmark Posen-Westpreußen aufgelöst. Der größte Teil des Gebietes einschließlich Schneidemühl wurde als Regierungsbezirk mit der Provinz Pommern vereinigt, die übrigen ehemals zur Provinz Posen gehörenden Teile kamen zu Brandenburg und Schlesien.

Westpreußen

Die Marienburg an der Nogat. Sitz des Hochmeisters des Deutschen Ordens, erbaut 1274-1318

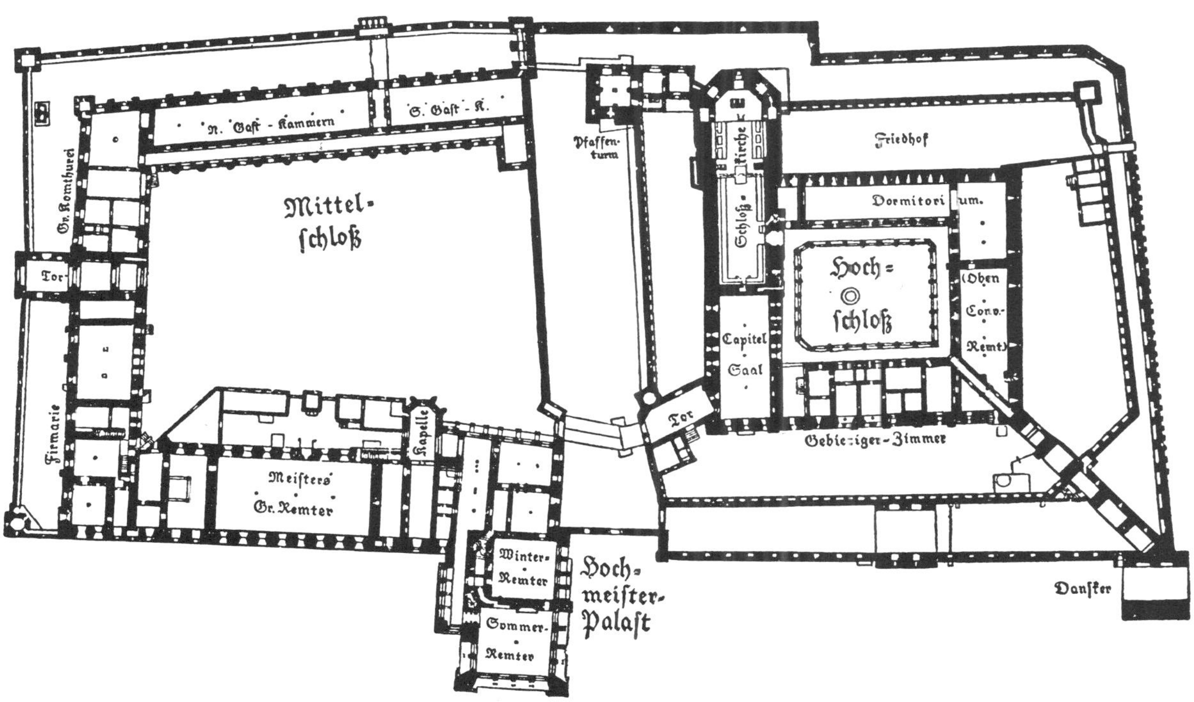

Teilgrundriß der Marienburg mit Mittel- und Hochschloß (ohne Vorburg und Außenanlagen. Unten das Nogatufer).

Westpreußen

Westpreußen ist das Land zu beiden Seiten der unteren Weichsel. Es war bis 1920 eine preußische Provinz, die im Westen an Pommern grenzte, im Osten an Ostpreußen und im Süden an Posen. Die Landschaft ist gekennzeichnet durch die Weichsel und ihren Mündungsarm Nogat, zahlreiche andere Flüsse und viele Seen. Von Südosten kommend bahnt sich die Weichsel über Thorn, Kulm, Neuenburg, Mewe und Dirschau bei Danzig den Weg zur Ostsee. 232 km durchfließt der Strom Westpreußen. Die Nebenflüsse Brahe, Schwarzwasser, Montau, Ferse und Mottlau münden von Westen, Drewenz, Ossa und Liebe von Osten kommend in die Weichsel. Im westlich der Weichsel gelegenen Pommerellen befinden sich die einst 2500 qkm große Tucheler Heide und die Kaschubische Schweiz mit dem 331 m hohen Turmberg. Östlich des Stromes reicht der Preußische Landrücken mit Kulmerland, Pomesanien und Pogesanien bis fast an die Weichsel heran. Seine höchste Erhebung ist mit 197 m der Butterberg bei Elbing nahe dem Frischen Haff. Zwischen Danzig, Dirschau, Marienburg und Elbing befindet sich das Weichsel-Nogat-Delta, wo das Land bis zu 1,8 m unter dem Meeresspiegel liegt.

Nikolaus Kopernikus
Begründer des neuen (heliozentrischen) Weltbildes
1473 — 1543

Emil von Behring
Arzt, Entdecker des Diphtherieserums
1854 — 1917

Mit Zustimmung von Kaiser und Papst begann im frühen 13. Jahrhundert der von Herzog Konrad von Masowien ins benachbarte Kulmerland gerufene Deutsche Orden die Gründung des Deutschordensstaates Preußen. Dadurch wurde das im späteren Westpreußen gelegene Kulmerland zur Keimzelle dieses Staates. Nach der Ordensherrschaft ab 1454/1466 und bis zur Zugehörigkeit zum Königreich Preußen ab 1772/1793 war das westliche Preußenland ein Ständestaat unter der Oberhoheit der Krone Polens. Die Wiedervereinigung der beiden 1466 getrennten altpreußischen Landesteile war für König Friedrich II. von Preußen der Anlaß, die Namen Westpreußen dem westlichen und Ostpreußen dem östlichen Landesteil 1773 zu verleihen. Danzig wurde 1815 Provinzialhauptstadt von Westpreußen. Im Jahre 1910 hatte Westpreußen eine Bevölkerung, die zu 65% deutsch und zu 35% slawisch (polnisch/kaschubisch) war, was auch durch das Ergebnis der Wahl zur Nationalversammlung 1919 bestätigt wurde.

Danzig erhielt gegen den erkennbaren Willen der Bevölkerung unter dem Schutz des Völkerbundes mit einem erweiterten Hinterland den Status einer Freien Stadt. Die im Westen gelegenen Kreise bzw. Restkreise Deutsch Krone, Flatow und Schlochau wurden 1922 Teil der neuen Provinz Grenzmark Posen-Westpreußen und ab 1938 des gleichnamigen Regierungsbezirks in der Provinz Pommern. Sechs östlich der Weichsel gelegene Kreise bildeten innerhalb der Provinz Ostpreußen den Regierungsbezirk Westpreußen, der seinen Sitz in Marienwerder hatte. In vier dieser Kreise wurde zuvor am 11. Juli 1920 eine unter interalliierter Aufsicht stehende Volksabstimmung durchgeführt, bei der sich mehr als 92% der Bevölkerung für ein Verbleiben bei Deutschland aussprachen. Der flächenmäßig größte Teil der Provinz mit den historischen Städten wie Thorn, Kulm, Graudenz, Schwetz, Konitz und Dirschau wurde ohne Befragung der Bevölkerung vom Deutschen Reich abgetrennt und als „Korridor" Teil der neuen Republik Polen. Von 1939 bis 1945 bildeten bis auf die zu Pommern gelangten Provinzteile alle übrigen Stadt- und Landkreise Westpreußens unter Hinzufügung der schon nach 1772 zur Kammer Marienwerder gehörenden Kreise Bromberg-Stadt und -Land sowie Wirsitz den Reichsgau Danzig-Westpreußen mit der Hauptstadt Danzig, der für Verwaltungszwecke in die Regierungsbezirke Bromberg, Danzig und Marienwerder gegliedert wurde (vgl. Karte auf S. 59).

Neben einer intensiven Landwirtschaft mit beispielsweise einer stark ausgeprägten Zuckerindustrie verfügte das Land über ansehnliche andere Industrien. Schiffbau, Maschinenbau, Holz- und Tabakverarbeitung wurden weit über die Provinz hinaus bekannt oder erlangten sogar Weltgeltung. Die F. Schichau AG Elbing beschäftigte z.B. 1944 an ihren drei Schiffbauplätzen Elbing, Danzig, dem ostpreußischen Königsberg und in der Maschinenbau- und Lokomotivfabrik Elbing rund 44 000 Menschen und hatte im Laufe der Jahrzehnte Schiffe nach allen Erdteilen geliefert.

Die Stadt Thorn im ehemaligen Westpreußen war ein wichtiger Handelsplatz an der Weichsel mit wechselvoller Geschichte. Der Astronom Nicolaus Copernicus wurde hier geboren

Danzig

Wappenspruch der Stadt

nec temere – nec timide
d. h.: Weder unbesonnen noch furchtsam

Das Danziger Rathaus, rechts daneben der prächtige Artushof, in dem sich jedoch nicht Ritter, sondern Kaufleute trafen

Freie Stadt Danzig

Immer wieder sind die Menschen von dem einzigartigen Zauber gepackt worden, den selbst das wiederaufgebaute Danzig noch heute ausstrahlt. Wo gab es sonst noch eine so innige Verschmelzung von ehrwürdiger Vergangenheit und geschäftiger Gegenwart. Prunkvoll waren die schmalen giebelgeschmückten Patrizierhäuser mit ihren eigentümlich hohen Fenstern in Danzigs Haupt- und Geschäftsstraße, der Langgasse, und am Langen Markt, den die Danziger liebevoll ihre „gute Stube" nannten. Am Langen Markt sah man noch – wie an vielen anderen Stellen auch – geräumige Beischläge mit kunstvollen Treppengeländern vor schweren, reich verzierten Haustüren. Achtungsgebietend war das stolze Rathaus aus dem 14. und 15. Jahrhundert mit seinem 82 m hohen, feingliedrigen Turm. Von selbstbewußtem Bürgertum zeugte auch der kostbar ausgestattete Artushof. Jahrhunderte hindurch Fest- und Versammlungsraum der alten Danziger Handelsbruderschaften.

Trutzige Tore und Türme, ehrwürdige Kirchen und immer wieder fensterreiche Giebelhäuser bestimmten das Stadtbild in den übrigen Gassen der Rechtstadt, die bis zuletzt Danzigs eigentliches Herz geblieben ist. Mitten unter ihnen erhob sich das schönste Bauwerk der norddeutschen Backsteingotik, die *Marienkirche* mit ihrem die Stadt überragenden, 76 m hohen, stumpfen Turm (vgl. Bild auf S. 12).

Alle großen Straßen Danzigs – sie hießen ,,Gassen" – führten zur Mottlau, der eigentlichen Lebensader der Stadt. Von den bis 1945 erhaltenen sechs großen Toren, die die Straßen zur Mottlau hin abschlossen, war das *Krantor* das markanteste (vgl. Bild auf S. 46). Als Wahrzeichen unseres technischen Zeitalters drehen sich weiter stromabwärts an Mottlau und Toter Weichsel die riesigen Kräne der drei großen Danziger Werften.

Jahrhunderte hindurch ist Danzig als gewichtiges Mitglied der Hanse unter der selbstgewählten Schirmherrschaft des polnischen Königs eine der bedeutendsten Hafenstädte der Welt gewesen. Immer hatte es – von der kurzen Dauer des Freistaates unter Napoleon abgesehen – über sein staatliches Geschick frei entscheiden können.

Der Versailler Vertrag trennte das westpreußische Hinterland ab und machte Danzig gegen den Willen der Bevölkerung zur *Freien Stadt Danzig* – mit besonderen Vorrechten für die Polen – unter einem Völkerbundskommissar. Zugleich baute Polen das benachbarte Fischerdorf *Gdingen* in kürzester Zeit zu einer Hafenstadt von über 100 000 Einwohnern aus. Die Folge war ein schwerer wirtschaftlicher Niedergang Danzigs. Heute hat Gdingen mit 7,2 Mill. BRT Jahresumschlag Danzig (6 Mill. BRT) überflügelt.

Danzig war die *Hauptstadt Westpreußens*. 1920 wurde die Provinz in vier Teile zerschlagen. Der östliche Teil mit Elbing kam an Ostpreußen, das Mittelstück, der größte Teil der Provinz, wurde polnisch. Aus dem restlichen Gebiet und Teilen der ehemaligen Provinz Posen wurde die Grenzmark Posen-Westpreußen gebildet.

Das Danziger Land

Von vielfältiger Schönheit ist das Danziger Land. Im Westen und Süden grüßen die bewaldeten Höhen des Baltischen Höhenrückens, die sich bis zu über 330 m erheben und einen weiten Blick über Land und Meer gewähren. Im Südosten das genaue Gegenteil: Hier, in der Danziger Niederung und im Großen Werder, liegt das Land flach und eben wie ein Tisch vor uns. Kanäle durchziehen die fetten grünen Weiden – wie in Holland. Mächtige Deiche schützen dieses unter dem Meeresspiegel liegende Land vor der Überflutung durch die Weichsel.

In wohlhabenden Bauerndörfern findet man hier noch schmucke niedersächsische und fränkische Vorlaubenhäuser. Die Anzahl der Säulen kündete früher von der Größe des Landbesitzes.

Nur wenige Kilometer weiter nach Norden, und wir sind am Meer. Ruhe, Erholung und Zerstreuung boten die Seebäder *Brösen* und *Glettkau*. Das im Sommer ständig übervölkerte *Heubude* war das Volksbad der Danziger. Wer Einsamkeit suchte, fand sie in stillen, idyllisch gelegenen Fischerdörfern entlang der Nehrung. Ein Seebad von internationalem Rang war *Zoppot* mit seiner Waldoper und seinem feinsandigen, breiten Strand. *Oliva* ist durch das Zisterzienserkloster und den Friedensschluß von 1660 bekannt.

Liebeserklärung an Danzig

Danzig gehört zu den ehrwürdigsten und getreuesten Zeugen deutscher Vergangenheit. Es war wirklich der Geist fremder Jahrhunderte, der hier im hellen Tageslicht, nun gar in bleichen Mondnächten oder im tiefen pfadlosen Winterschnee umzugehen und auf die Nachkommen noch etwas von seiner Substanz zu übertragen schien: ein hartes, nüchternes, rechnerisches, skeptisches Geschlecht, dem doch ein merkwürdiger barocker Einschlag und eine derbe Sinnenfreud zu eigen waren.
Nicht umsonst haben die englischen Komödianten, die bald nach Shakespeares Tode seine und seiner Zeitgenossen Stücke nach Deutschland brachten, gerade in Danzig so früh Fuß fassen können. Man verstand sich hier von je auf Witz, Spaß und Schelmerei. Fastnachtsspiel und Mummenschanz hatte nicht einmal der Puritanismus der Reformation diesen urwüchsigen Sinnenmenschen ganz auszutreiben vermocht: das Festefeiern lag ihnen nun einmal im Blut. Festlichkeit atmen bis auf diesen Tag die Langgasse und der Lange Markt, den man die gute Stube von Danzig nennen könnte. Festlich wirken straßauf, straßab die alten Patrizierhäuser mit ihren breiten Steintreppen und kugelverzierten Geländern, mit ihren geräumigen Beischlägen, Hausfluren, Lichthöfen, Paradezimmern. Niemand, der das Uphagehaus in der Langgasse betritt, wird sich seiner lichten Grazie und Heiterkeit entziehen können. Immer wieder, wenn ich nach Danzig komme, drängt sich mir, ganz wie in meiner Kindheit, die merkwürdig prickelnde Atmosphäre auf, die diese Stadt und ihre altersgrauen Gassen erfüllt.

Max Halbe

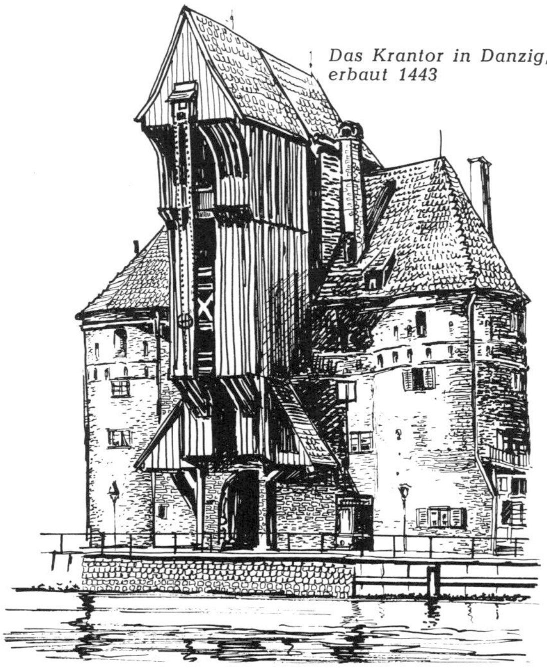

Das Krantor in Danzig, erbaut 1443

Danziger Münzen

Prägejahr 1932

Das 5-Pfennigstück zeigt rückseitig eine Flunder, das 10-Pfennigstück eine Pomuchel (nordostdeutsche Bezeichnung für Dorsch)

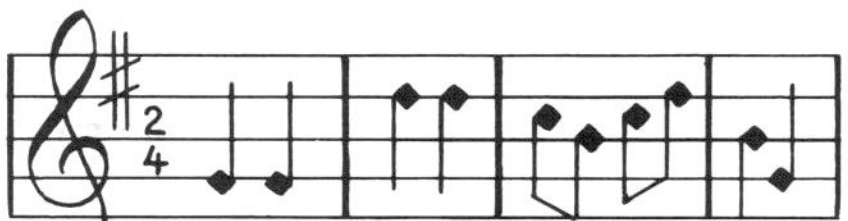

Dunkle Giebel, hohe Fenster,
Türme tief aus Nebeln sehn,
Bleiche Statuen wie Gespenster
Lautlos an den Türen stehn.

Ringsher durch das tiefe Lauschen,
Über alle Häuser weit,
Nur des Meeres fernes Rauschen –
Wunderbare Einsamkeit!

Träumerisch der Mond drauf scheinet,
Dem die Stadt gar wohl gefällt,
Als läg zauberhaft versteinet
Drunten eine Märchenwelt.

Und der Türmer wie vor Jahren
Singet ein uraltes Lied.
»Wolle Gott den Schiffer wahren,
Der bei Nacht vorüberzieht!«

Joseph v. Eichendorff

Spruch an einem Patrizierhaus

Treu', Glauben und das heil'ge Recht,
die haben sich allesamt schlafen gelegt.
Geb' Gott, daß sie wieder auferstehn,
eh' denn wir alle schlafen gehn!

Dieser Spruch, der auf die bewegte Geschichte Danzigs hinweist, spricht Hoffnung und Wunsch aller Heimatvertriebenen aus.

Andreas Schlüter
Bildhauer und Baumeister des Barock
1659 — 1714

Georg Forster
Naturhistoriker und Reiseschriftsteller
1754 — 1794

Der Artushof

Gewiß hast du, günstiger Leser, schon recht viel von der alten merkwürdigen Handelsstadt Danzig gehört. Vielleicht kennst du all das Sehenswerte, was sich dort befindet, aus mancher Beschreibung; am liebsten sollt' es mir aber sein, wenn du selbst einmal in früherer Zeit dort gewesen wärst und mit eigenen Augen den wunderbaren Saal geschaut hättest, in den ich dich jetzt führen will. Ich meine den Artushof. – In den Mittagsstunden wogte drängend und treibend der Handel den mit Menschen der verschiedensten Nationen gefüllten Saal auf und ab, und ein verwirrtes Getöse betäubte die Ohren. Aber wenn die Börsenstunden vorüber, wenn die Handelsherrn bei Tische saßen und nur einzelne geschäftig durch den Saal, der als Durchgang zwei Straßen verbindet, liefen, dann besuchtest du, günstiger Leser, der du in Danzig warst, den Artushof wohl am liebsten . . .

E. T. A. Hoffmann

Arthur Schopenhauer
Philosoph
1788 — 1860

Max Halbe
Schriftsteller
1865 — 1944

Bodennutzung und Fischfang

Anteile der Ostgebiete am Deutschen Reich (1938)

Bevölkerung	14 %	Roggenernte	32 %
Fläche	24 %	Futtergetreide	25 %
Landwirtschaftl. Nutzfläche	25 %	Kartoffelernte	29 %
		Zuckerrüben	26 %
Ackerland	28 %	Obsternte	9 %
Wiesen, Weidefläche	18 %	Waldfläche	23 %
		Pferde	30 %
Getreideernte	26 %	Rindvieh	20 %
Weizenernte	16 %	Schweine	24 %
Gerstenernte	22 %	Milch	21 %
Haferernte	21 %	Butter	21 %

Landwirtschaftliche Nutzfläche 1938 (je Einwohner)

Westdeutschland	0,367 ha
Mitteldeutschland	0,347 ha
Ostdeutschland	0,748 ha

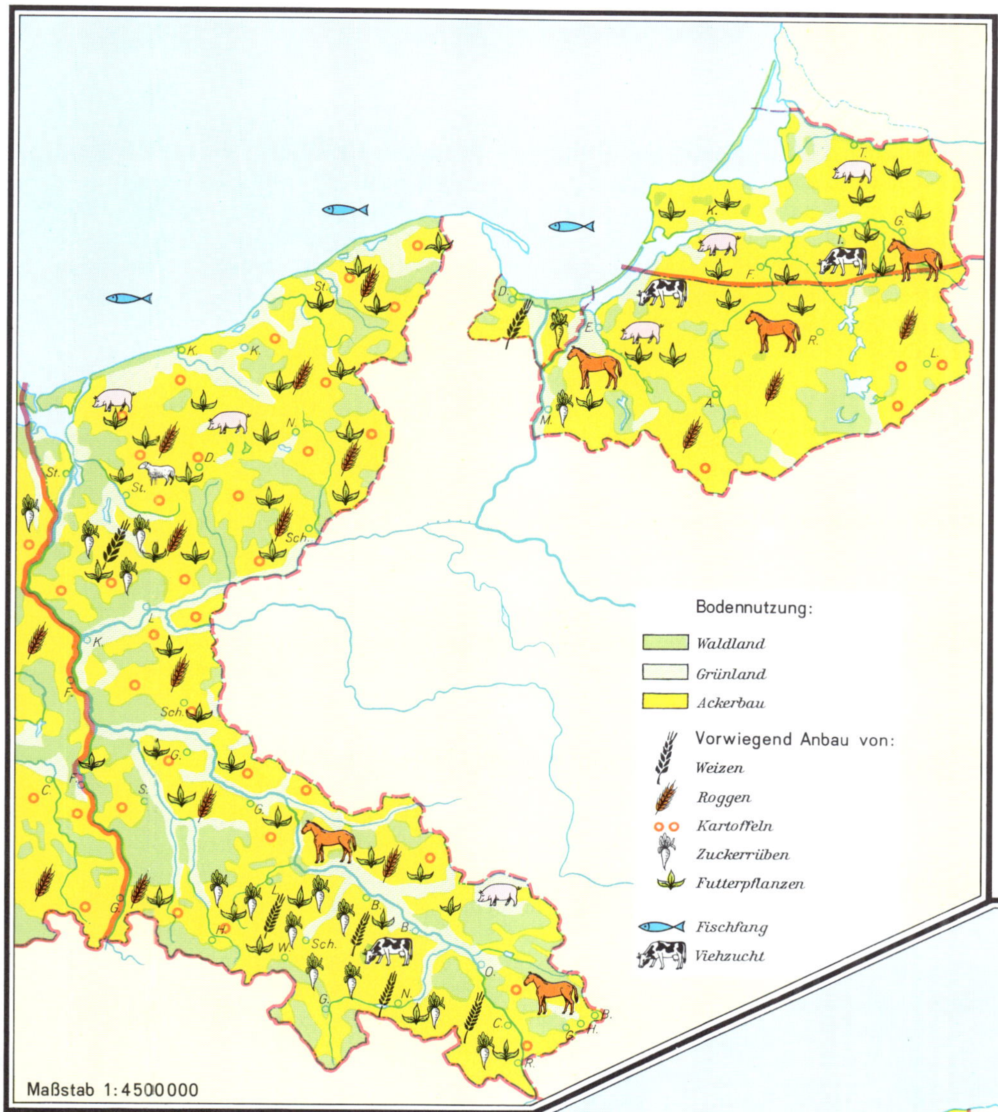

Bergbau und Industrie

An der gesamtdeutschen Produktion war Ostdeutschland beteiligt (1938):

Schamotte	100 %	Granit	28 %
Magnesit	100 %	Marmor	26 %
Kartoffelstärke	65 %	Rohzucker	25 %
Flachs/Lein	48 %	Benzin	22 %
Zellstoff	40 %	Zündhölzer	22 %
Spiritus	33 %	Steinzeugton	19 %
Papier	31 %	Kautschuk	12 %

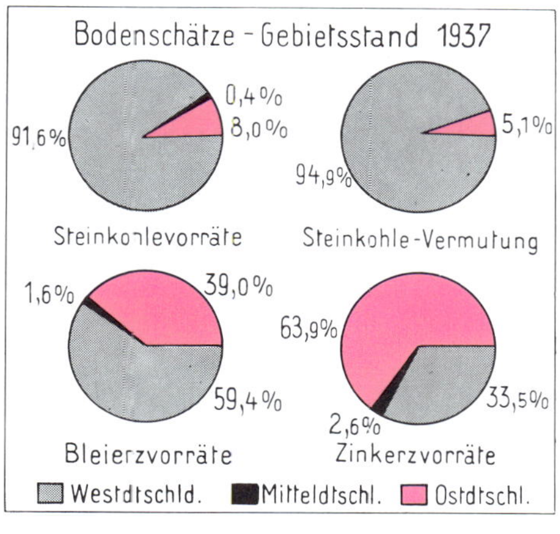

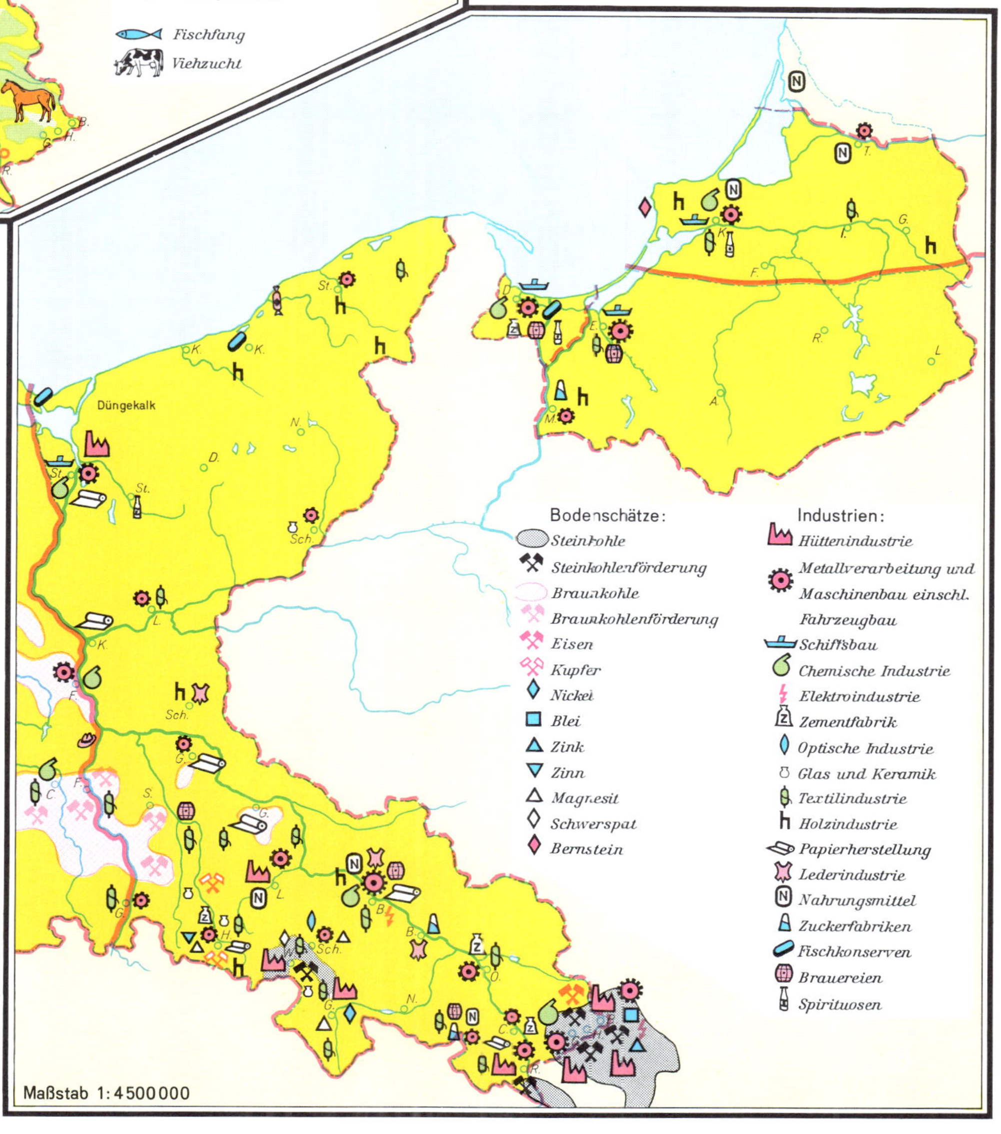

Die Wirtschaft der deutschen Ostgebiete

Der 2. Weltkrieg mit seinen verhängnisvollen Folgen hat einen geschichtlich gewachsenen Wirtschaftsraum zerrissen. Bis zu diesem Zeitpunkt besaß das deutsche Wirtschaftsleben ein recht harmonisches Gleichgewicht, das auf der Arbeitsteilung zwischen den *industriellen Kerngebieten* mit ihrer hohen Bevölkerungsdichte (Ruhrgebiet, Rhein-Main-Raum, Großberlin usw.) und den dünn besiedelten *landwirtschaftlichen Überschußgebieten* besonders des deutschen Ostens beruhte. Diese wirtschaftliche Ausgewogenheit zeigen die statistischen Übersichten über den Anteil der Ostgebiete an der landwirtschaftlichen und industriellen Produktion (vgl. S. 46/47).

Land- und Forstwirtschaft

Mit einer Fläche von 7,1 Mill. ha besaßen die Deutschen Ostgebiete 25% der *landwirtschaftlichen Nutzfläche* des Reiches. In Ostpreußen, Pommern und Ostbrandenburg baute man vorwiegend Roggen, Gerste, Hafer, Kartoffeln und Futtermittel (Lupinen und Raps) an; auf besonders guten Böden herrschte Anbau von Zuckerrüben und Weizen (z.B. Pyritzer Weizacker in Pommern). Von hervorragender Fruchtbarkeit war das Weichseldelta (Danziger, Marienburger und Elbinger Werder), wo Korn in Hülle und Fülle gedieh. Auf dem Lößboden Schlesiens wurden Weizen, Zuckerrüben, Gemüse, Flachs und Hopfen angebaut. Obstbau auf den Höhenrücken und Weinbau bei Grünberg zeugen von der Fruchtbarkeit des schlesischen Bodens. Schlesien war das Ursprungsland der Zuckerrübe; es lieferte den vierten Teil der deutschen Zuckerrübenproduktion. Hier wurde die erste Zuckerrübenfabrik der Welt errichtet. Pommern war das wichtigste deutsche Kartoffelanbaugebiet. Da es nur verhältnismäßig dünn bevölkert war und deshalb wenig selbst verbrauchte, trug es am meisten zur Ernährung der deutschen Bevölkerung bei.

Die *forstwirtschaftliche Nutzfläche* betrug vor dem Zweiten Weltkrieg über 2,9 Mill. ha und damit 22,8% der gesamtdeutschen Waldfläche. Es gab große Forsten in Pommern, Ost- und Westpreußen, in Nieder- und Oberschlesien. Da die schlagfreien Bestände meist höher als im Reichsdurchschnitt lagen, konnten für die übrigen Gebiete Deutschlands Überschüsse erzielt werden. Westdeutschland wurde vorwiegend mit Stamm- und Grubenholz beliefert. Sonst erfolgten die Lieferungen überwiegend erst nach Verarbeitung des Holzes durch Industriebetriebe. Samendarren der Johannisburger Heide lieferten das beste forstliche Saatgut.

Bergbau und Industrie

Weitaus am wichtigsten für die deutsche Wirtschaft war der Kohlenbergbau Schlesiens. 1938 wurden über 31 Mill. t Kohle gefördert, das waren 16,8% der gesamten deutschen Kohlenförderung. Große Steinkohlenlager befanden sich in Oberschlesien im Raum von Beuthen, Hindenburg und Gleiwitz, kleinere Kohlenlager im Raum Waldenburg-Neurode. Dabei sind die im Vergleich zum Ruhrgebiet viel günstigeren Abbauverhältnisse hervorzuheben: geringe Tiefe, flache Lagerung, außergewöhnlich starke Flöze. Bei Beuthen gab es große *Eisenerzlager.*

Die *Blei- und Zinkerze* im Raum Beuthen-Gleiwitz lieferten bis 1945 rund 75% der deutschen Zink- und 40% der deutschen Bleierzeugung. Schon der Vertrag von Versailles hatte mit der Abtretung Ostoberschlesiens an Polen für Deutschland einen Verlust von 2/3 seiner Zink- und 1/4 seiner Bleierzlagerstätten gebracht.

Die Rohstoffe Kohle und Eisen ließen im schlesischen Raum eine ausgedehnte *Schwerindustrie* entstehen, an die sich eine vielseitige Metallverarbeitung angeschlossen hatte. In Breslau z.B. wurden Waggons, Werkzeuge, Industriekessel, Armaturen und Instrumente hergestellt, in Neisse, Ratibor und Bunzlau Maschinen aller Art, in Liegnitz und Brieg besonders Holzbearbeitungsmaschinen. Um Waldenburg entstand eine vielseitige Industrielandschaft, aufgebaut auf den dortigen Kohlen- und Erzvorkommen.

In den Ostseehäfen Stettin, Danzig und Königsberg hatte sich ebenfalls, bedingt durch die günstige Verkehrslage, eine vielfältige Industrie entwickelt, darunter einige Werften von Weltruf.

Die *chemische Industrie*, auf der Gewinnung von Koksnebenprodukten und der Kohleveredlung beruhend, hatte kurz vor dem Zweiten Weltkrieg und in den Kriegsjahren einen großen Aufschwung genommen. – Auf eine jahrhundertealte Tradition konnte die *Textilindustrie* besonders in Schlesien zurückblicken. Hier gab es 180 größere Betriebe. Guten Ruf hatte die Baumwollverarbeitung im Gebiet von Schweidnitz, die Leinenindustrie in den schlesischen Orten Reichenbach, Langenbielau, Hirschberg und die Tuchindustrie in Liegnitz, Sommerfeld, Grünberg und Sagan.

Am Gebirgsrand der Sudeten wurden Glas-, Schamotte- und Porzellanwaren hergestellt; Bunzlau war bekannt durch seine braunen Tonwaren. *Papier- und Zellstoffindustrie* verdankten dem Waldreichtum ihren Aufschwung.

Ackerbaugebiet am Queis im schlesischen Tiefland

Hochöfen der vereinigten Königs- und Laurahütte in Oberschlesien

Deutsche Siedlungsgebiete außerhalb der Reichsgrenzen von 1937

Das Sudetenland

Die über 1000 m hohen, reichgegliederten Randgebirge Böhmens, Mährens und Schlesiens, mit deren Vorland – ein bald breiterer, bald schmalerer Streifen – sind die Heimat der Sudetendeutschen. Diese bilden keinen geschlossenen deutschen Volksstamm, sondern sind mit ihren reichsdeutschen und österreichischen Nachbarn stammesverwandt.

Böhmen gleicht einem auf der Spitze stehenden Viereck. Das Böhmische Becken wird durch Moldau und Elbe nach Norden hin entwässert. Die Außenabdachungen der Sudeten und Karpaten schicken ihre Wasser durch die Oder und deren Nebenflüsse zur Ostsee. Mähren-Schlesien, das Land zwischen dem Böhmischen Becken und den Karpaten, verbindet die mitteleuropäische Tiefebene mit dem Donauraum.

Das Elbtal bei Aussig mit der Ruine Schreckenstein

Der Marktplatz in Eger mit „Stöckel“

Der Böhmerwald

Der Böhmerwald ist ein mit prächtigen Hochwäldern bestandenes Gebirge. Auf böhmischer Seite liegen der Plöckenstein (1378 m) und der urwaldbestandene Rücken des Kubany. In engen Mulden und breiten Talgründen liegen weite Moore, sogenannte Filze und Auen. Steile Felswände rahmen dunkle Karseen ein. Einödsiedlungen, Weiler und Taldörfer, aus Holz und Stein gebaut, kennzeichnen den Böhmerwäldler als Gebirgsbauern, der nach Sprache und Sitte bayerisch ist und sich von Holzfällerei und Flößerei, Holzschnitzerei und Papierherstellung ernährte. Von den am Gebirgssaum liegenden Städten sind *Budweis* mit seiner Graphitindustrie, der alte Goldbergort *Bergreichenstein, Neuern* und *Winterberg* zu nennen; weiter das an der Moldaukrümmung gelegene *Krummau* mit dem Schloß und das mittelalterliche *Prachatitz*. Von hier führte der Goldene Steig durch den Böhmerwald, eine einst befestigte Straße, auf der Salz u.a.m. nach Böhmen gebracht wurde.

Das Egerland

An den Böhmerwald schließt sich das Egerland an. Es umfaßt das Gebiet der ehemaligen „Freien Reichsstadt Eger“ und im weiteren Sinne den Oberpfälzer Wald, die Randgebirge des westlichen Erzgebirges, den Kaiserwald mit dem südlich gelegenen Tepler Hochland, das Falkenauer Becken und das Duppauer Gebirge. Typisch für das Kerngebiet des Egerlandes sind die stattlichen Vierseithöfe, deren Fachwerk und mächtige Speicherbauten. Aus den fränkischen Siedlern hat sich ein selbstbewußtes Bauerntum entwickelt. Die alte Stauferstadt *Eger*, die in vielem Ähnlichkeit mit Nürnberg hat, wird von der Kaiserpfalz Barbarossas überragt. Das Egerland ist nicht nur bäuerliches Kernland, sondern auch ein wichtiges Durchgangsland. Im Ascher Zipfel war die Textilindustrie zu Hause; im Falkenauer Becken der Braunkohlenbergbau; in Falkenau, Neusattl, Chodau, Alt- und Neu-Rohlau, Fischern u.a. die Porzellanindustrie. Im Süden des Falkenauer Beckens liegt der Kaiserwald. Tiefe Täler, wie das Tepltal, haben sich schluchtartig eingeschnitten. Kurz vor dem Austritt der Tepl in das Egertal liegt das nach Karl IV. benannte *Karlsbad*. An der Westabdachung des Kaiserwaldes liegt das waldumsäumte Weltbad *Marienbad*. Die nordwestliche Spitze des „Bäder-Dreiecks“ ist *Franzensbad*. Von den Städten des Tepler Hochlandes sind *Tepl* mit seinem berühmten Prämonstratenser-Stift, die Musikstadt *Petschau* mit ihrem alten, trutzigen Fürstenschloß, *Buchau* und *Luditz* und die im Vorland gelegene Silberbergbaustadt *Mies* zu nennen. Das Duppauer Gebirge hat seinen eigenen Reiz. Die steil abfallenden Tafelberge mit engen Mulden sind dünn besiedelt. Kaaden, Klösterle, Gießhübl und Krondorf waren durch den Versand von Tafelwasser (Säuerlingen) bekannt.

Das Erzgebirge

Das Erzgebirge ist nach Norden zu flach abgedacht, nach Süden fällt es steil gegen das Eger- und Bielatal ab. Das von Süden her wie eine Mauer wirkende Gebirge ist durch zahlreiche Schluchten und Täler gegliedert, denen Straßen und Eisenbahnen folgen. Auf den Kammflächen breiten sich langgestreckte Bergbaustädte aus (Graupen, Graslitz u.a., wo Zinn geschürft wurde, aus dem 12. bis 15. Jh.); im 16. Jh. setzte der Silberbergbau ein. Die bedeutsamste Gründung war *St. Joachimsthal*, auf das der Name *Taler* zurückgeht. Heute wird Radium und Uranerz gewonnen. Hier finden sich zahlreiche Streu- und Einödsiedlungen mit schindelverkleideten Erzgebirgshäusern. In Tälern und in den Zwischenstufen am Südabfall des Gebirges ziehen sich lange Waldhufendörfer hin. Nachdem die

WIEN	über 1 000 000 Einw.	Budweis	50 000 – 100 000 Einw.		Staatsgr…
Breslau	500 000 – 1 000 000 Einw.	Karlsbad	20 000 – 50 000 Einw.		Ostgrenz… Deutsch…
Gleiwitz	100 000 – 500 000 Einw.	Falkenau	unter 20 000 Einw.		Grenze …

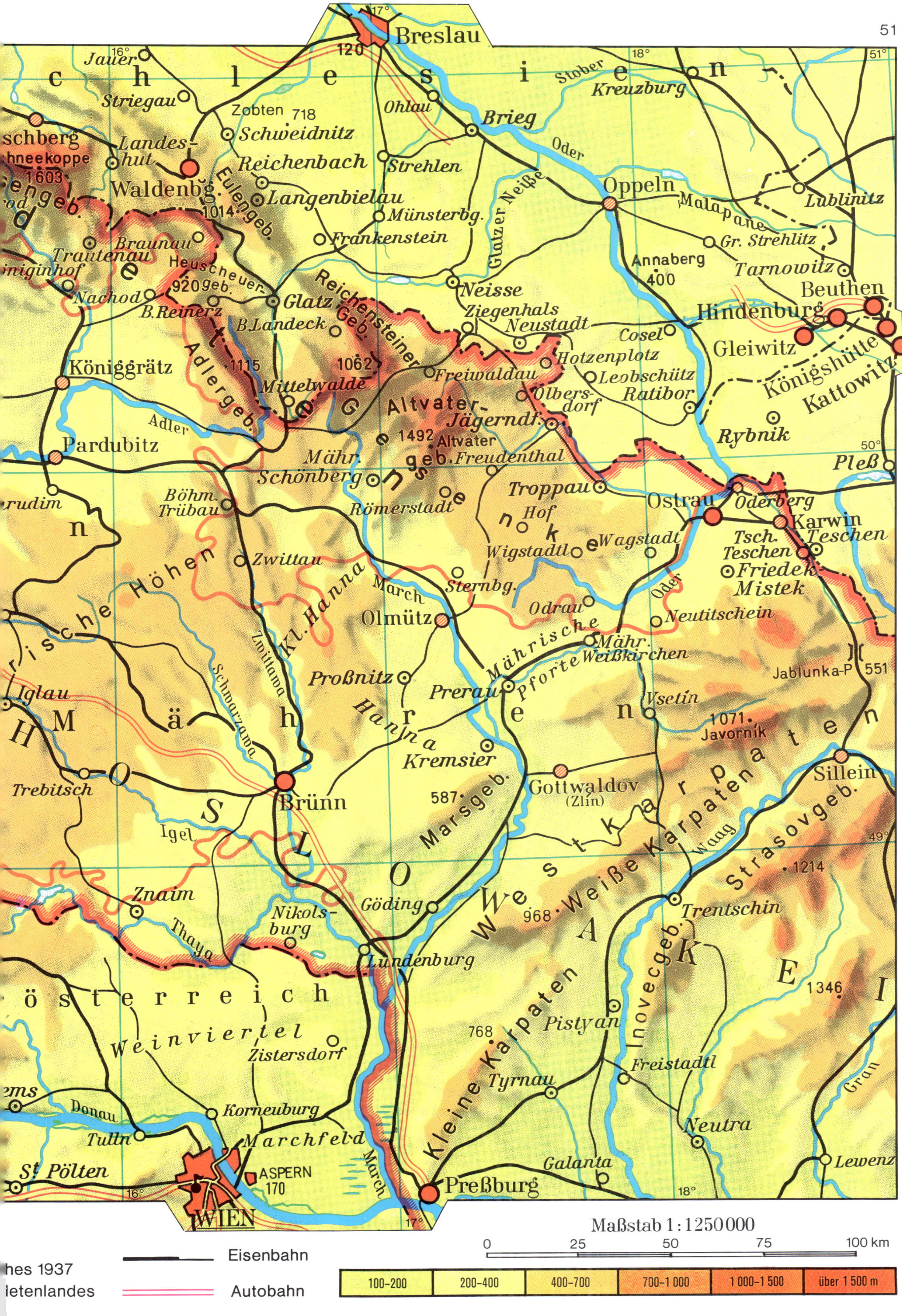

Breslau
Schlesien
Oppeln
Brieg
Oder
Glatz
Altvater-Geb.
Olmütz
Brünn
Ostrau
Gleiwitz
Beuthen
Hindenburg
Kattowitz
Königshütte
Troppau
Königgrätz
Pardubitz
Adler
Mährische Höhen
March
Mährische Pforte
Westkarpaten
Weiße Karpaten
Kleine Karpaten
Slowakei
Mähren
Österreich
Weinviertel
Donau
Wien
Preßburg
Gottwaldov (Zlín)
Sillein
Trentschin
Neutra
Tyrnau
Znaim
Thaya
Lundenburg
Kremsier
Prerau
Proßnitz
Iglau
Trebitsch
St. Pölten
Tulln
Korneuburg
Marchfeld
ASPERN 170
Maßstab 1:1250000
0 25 50 75 100 km
Eisenbahn
Autobahn
100-200
200-400
400-700
700-1000
1000-1500
über 1500 m

Prag vor dem Ersten Weltkrieg: Blick von der Karlsbrücke auf den Hradschin

Erzvorkommen erschöpft waren, haben sich die Menschen fränkischer und obersächsischer Herkunft der Heimarbeit zugewandt. In *Graslitz* entwickelte sich der Instrumentenbau, bei *Abertham* die Handschuhmacherei, im Katherinaberger Bezirk blühte die Spielzeugherstellung. Am Südfuß des Erzgebirges erstreckt sich ein reiches Braunkohlenbecken mit dichtbesiedeltem Bergbaugebiet. Von Komotau reihen sich bis zur Elbe Arbeiterdörfer aneinander, Industriesiedlungen mit Schacht- und Tagebauanlagen: von *Brüx* und *Dux* mit dem Waldsteinschloß, dem alten Burgort *Bilin*, *Görkau*, das sich aus einem Waldhufendorf zum Industrieort entwickelt hat, *Oberleutensdorf, Ossegg* bis hin nach *Teplitz-Schönau*, dem ältesten böhmischen Badeort. Südlich davon liegt das Saazer Becken, das einer großen Gartenlandschaft gleicht und in *Saaz* seinen Mittelpunkt hat.

Elbtal und Böhmisches Mittelgebirge

Beiderseits des engen Durchbruchtals der Elbe, die im Riesengebirge entspringt, liegt das Böhmische Mittelgebirge aus jungvulkanischem Gestein. Seine Kegelberge sind z.T. von Burgruinen gekrönt. Die Elbe, die hier die Eger aufnimmt, tritt der alten Bischofsstadt *Leitmeritz* und der Industriestadt *Lobositz* ins Böhmische Mittelgebirge ein. Zahlreiche Dörfer und Fremdenverkehrsorte, die hangaufwärts im Frühjahr ein Blütenmeer sind, umsäumen die Elbe. *Aussig* gegenüber, an der Einmündung der Biela in die Elbe, liegt die sagenumwobene Burgruine Schreckenstein. Die Stadt ist Standort vieler bedeutender Industriebetriebe, ist der größte Elbehafen der Tschechoslowakei und Umschlagplatz der böhmischen Braunkohle. Die Elbe fließt an Tetschen-Bodenbach vorbei, durch die phantastischen Felsformen des Elbsandsteingebirges und verläßt bei Herrnskretschen Böhmen. Man nennt das Elbtal auch ,,böhmisches Paradies''; es ist der Teil des Landes mit dem mildesten Klima, wo neben Obst- auch Weinbau betrieben wird, seit alters her besonders um Tschernosek. Im Grenzgebiet des Böhmischen Mittelgebirges sind *Haida* und *Stein-Schönau*, Orte der berühmten sudentendeutschen Glasveredelungsindustrie, sowie der Verkehrsknotenpunkt Leipa zu erwähnen.

Die Sudeten

Die Sudeten ziehen sich vom Jeschken-Isergebirge im Westen bis zum Oberlauf der Oder im Osten in mehreren Gebirgszügen hin. Der Oberlausitzer Menschenschlag besiedelte im Norden das böhmische Niederland, in oft kilometerlangen ineinander übergehenden Waldhufendörfern. Die Bewohner waren durch den wenig ertragreichen Boden zur Heimarbeit gezwungen. Aus Hausweberei wurde Leinenindustrie. *Rumburg* und *Warnsdorf* waren ihre Mittelpunkte. Das Waldgelände zwischen dem Jeschken, dem Iser- und Riesengebirge besiedelten Menschen gleicher Herkunft wie in Schlesien. Zum größten Zentrum der Textilindustrie hatte sich die Tuchmacherstadt *Reichenberg* entwickelt, die durch ein Netz von ineinander übergehenden Siedlungen mit dem Gablonzer Industriegebiet, der weltberühmten Schmuckindustrie, verbunden war.

Die Tuchmacherstadt Reichenberg am Fuße des Jeschken-Gebirges

Das Isergebirge ist stark bewaldet und mit Hochmooren bedeckt. In langgestreckten Dörfern sind Glasmacherei und Hausweberei heimisch. An der steilen Nordwestabdachung liegt die Stadt *Friedland* mit Wallensteins Schloß; der Badeort Liebwerda befindet sich an der Südostabdachung; am Austritt der Kamnitz stößt man auf das Industriestädtchen Tannwald. Das Riesengebirge schließt sich an das Isergebirge an; es ist nur höher als dieses. Die Schneekoppe, mit 1603 m der höchste deutsche Berg nördlich der Alpen, und das Hohe Rad ragen über die Waldgrenze hinaus. Die Bauden, als Heuscheuern entstanden, sind Ziel regen Fremdenverkehrs. Im Vorland des Gebirges entwickelten sich neben der seit dem 16. Jh. in Arnau heimischen Papierindustrie in Trautenau und Hohenelbe bedeutende Leinen-, Baumwoll- und Juteindustrien. Das Steinkohlenrevier von Schatzlar führt zu den einmaligen Felsbildungen des Quadersandsteingebietes von Adersbach und Weckelsdorf.

Das Braunauer Ländchen ist vorwiegend landwirtschaftlich genutzt. Hier sind das alte Stift *Braunau* und das gleichnamige Städtchen mit seiner Baumwollindustrie zu nennen.

Das schmale Adlergebirge, das Reichensteiner Gebirge und der Spieglitzer Schneeberg, 1424 m, rahmen den Glatzer Kessel ein und trennen West- und Ost-Sudeten. – Das Altvater-Gebirge und das „Gesenke" erfüllen Schlesien und Nordmähren. Der *Altvater*, 1490 m, überragt die weiten bewaldeten Hochflächen. Hier liegen Waldhufendörfer und zahlreiche im 13. Jh. blühende Silber- und Goldbergbau-Städte sowie Standorte der Textilindustrie. Zu ihnen gehören Freudentahl, Römerstadt, Würbenthal und Mährisch-Altstadt. Am Südwestfluß des Altvater-Gebirges befinden sich die Städte Mährisch-Schönberg und Sternberg.
Die am Südosthang zum Odertal gelegenen Städte Wagstadt und Fulnek gehören zum *Kuhländchen* an der Mährischen Pforte. Wuchtige Vierkanthöfe zeigen, daß hier ein wohlhabendes Bauerntum saß. Städtische Mittelpunkte sind *Neu-Titschein*, bekannt durch die Hutindustrie. Nördlich des Kuhländchens liegt *Troppau*, Hauptstadt des ehemals bei Österreich verbliebenen Teiles von Schlesien. Zu erwähnen sind die Industriestadt Jägerndorf (Textilindustrie und Orgelbau) und die Naturheilbäder Gräfenberg und Lindewiese.

Durch Mähren führte bereits in römischer Zeit eine alte Handelsstraße, die Italien über die March und die Oder mit der Ostsee verband: die berühmte Bernsteinstraße. – Der Schönhengstgau, nach dem Sandsteinkamm Schönhengst genannt, ist altes Rodungs-Bauernland; hier wurde eine schlesische Mundart mit ostfränkischem Einschlag gesprochen.

Ein schmaler tschechisch besiedelter Streifen schloß ihn vom geschlossenen deutschen Siedlungsgebiet ab. Neben Wald- und Weidewirtschaft wurden auf besten Böden auch Zuckerrüben angebaut. In gewerbefleißigen Städten wie *Zwittau*, *Landskron* und *Mährisch-Trübau* sind Textil- und Metallwarenindustrie heimisch.

Troppau, Marktplatz mit Schmetterhaus

Südmähren

Die breiten, weiten Täler, von der Thaya und March durchzogen, zählen zu den fruchtbarsten Landschaften des Sudentenlandes und sind überragt vom Höhenzug der Pollauer Berge. Dieses Bergmassiv ist von besonderem landschaflichem Reiz. Eine Reihe von Burgruinen sind Zeugen der frühmittelalterlichen Besiedlung. Über die alte Herzogsstadt *Znaim* bis *Nikolsburg*, *Pohrlitz* und *Eisgrub* zieht sich deutsch besiedeltes Gebiet. Dieses Wein- und Gemüseland war von regsamen Bewohnern niederösterreichischer Herkunft bebaut. Im Westen schließt sich das Gebiet von *Neuhaus* und *Neu-Bistritz* an. Hier endet das von Deutschen besiedelte Randgebiet der böhmischen Länder. In der mährischen Hauptstadt *Brünn*, die noch bis 1945 eine deutsche Technische Hochschule besaß, wurde das Deutschtum erst nach 1918 durch Eingemeindungen tschechischer Vororte in die Minderheit gedrängt.

Die Iglauer Sprachinsel

Auf der Nordwestabdachung der Böhmisch-Mährischen Höhe war mit 70 Orten auf einer 390 qkm großen Fläche das Land um die mittelalterliche Bergstadt *Igiau* eine deutsche Volkstumsinsel inmitten tschechischen Gebietes. Das Iglauer Bergrecht galt einst in den Sudeten- und Karpatenländern und in Oberungarn.

Dorfstraße in der Zips, einer von deutschen Bergleuten begründeten Sprachinsel in den Karpaten mit dem Hauptort Leutschau

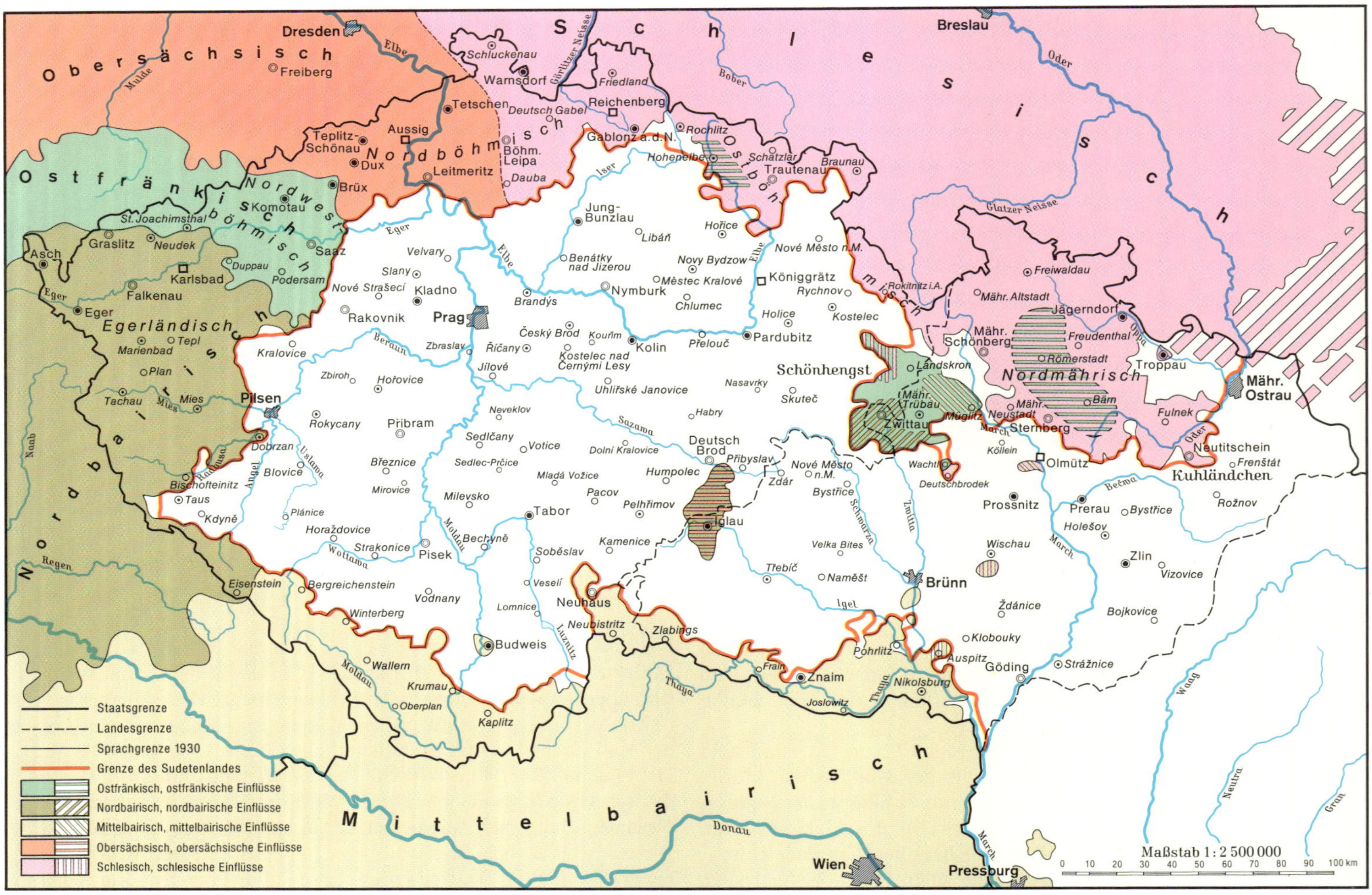

Siedlungsgebiete der Deutschen und deutsche Mundarten in Böhmen und Mähren-Schlesien

Josef Ressel
Erfinder der Schiffsschraube
1793–1857

Gregor Mendel
Entdecker der Erbgesetze
1822–1884

Ferdinand Porsche
Automobilkonstrukteur
1875–1951

Albrecht von Waldstein
(Wallenstein) Feldherr
1583–1634

Adalbert Stifter
Dichter und Schriftsteller
1805–1868

Marie v. Ebner-Eschenbach
Dichterin und Schriftstellerin
1830–1916

Gründung der Prager Universität im Jahr 1348. Sie ist damit die älteste Hochschule im Reich; Wien und Heidelberg folgten

Deutsches Volkstum in Mittel-, Ost- und Südosteuropa

Polen

Die Geschichte des Deutschtums in Polen umfaßt 7 Jahrhunderte. Westpreußen war seit den Tagen des Deutschen Ordens überwiegend deutsch (1231 Gründung von Thorn, 1232 von Kulm). Zu den ersten Städten mit deutschem Recht in Polen gehören Plotzk (1237) und Gnesen (1243). Posen folgte 1253. Im 13. Jahrhundert sind im Lande Posen schon 106 deutsche Dörfer auf Ersuchen polnischer Grundherren entstanden. In der 1. Hälfte des gleichen Jahrhunderts entwickeln sich im Beskidenvorland deutsche Siedlungen, die sich von Bielitz bis Lemberg erstrecken. Bis 1275 gibt es in ganz Polen bereits 33 deutsche Stadtgründungen. Immer mehr verdichtet sich das Netz deutscher Städte in Polen. Um 1334 wird Warschau als deutsch-rechtliche Stadt gegründet (vgl. Karte auf S. 10/11).

Städte mit Magdeburger und Kulmer Recht, wenn auch mit geringer werdendem deutschen Bevölkerungsanteil, erreichten um 1440 den Bug und den Dnjestr. Begeistert schreibt der polnische Bischof Bogufal: ,,Keine anderen Völker stehen einander so nahe und sind so befreundet wie die Deutschen und die Slawen!''

Nach und nach begannen die Deutschen im polnischen Volkstum aufzugehen. Kriege, Seuchen und Geburtenrückgang lassen zudem viele Dörfer völlig veröden (Wüstungen). In den Städten nimmt der Zustrom deutscher Siedler ab und der polnische zu. Die meisten kleineren Städte, in denen die Deutschen nur die führende Oberschicht bildeten, sind zu Beginn des 15. Jahrhunderts schon völlig polnisch geworden. Viele größere folgen später. In der Stadt Posen, die um 1400 noch zu 3/4 deutsch war, beträgt der Anteil der Deutschen um 1550 nur noch 1/4. Im Süden ist es ähnlich. Krakau, wo der Nürnberger Veit Stoß 1489 einen der schönsten und zugleich größten aller deutschen Flügelaltäre schuf, war um 1400 fast völlig deutsch (90%). 200 Jahre später beträgt der deutsche Bevölkerungsanteil nur noch 10%.

Große Teile Westpreußens und die westlichen Randgebiete Posens sowie die Sprachinsel Bielitz sind – spätere deutsche Zuwanderun-

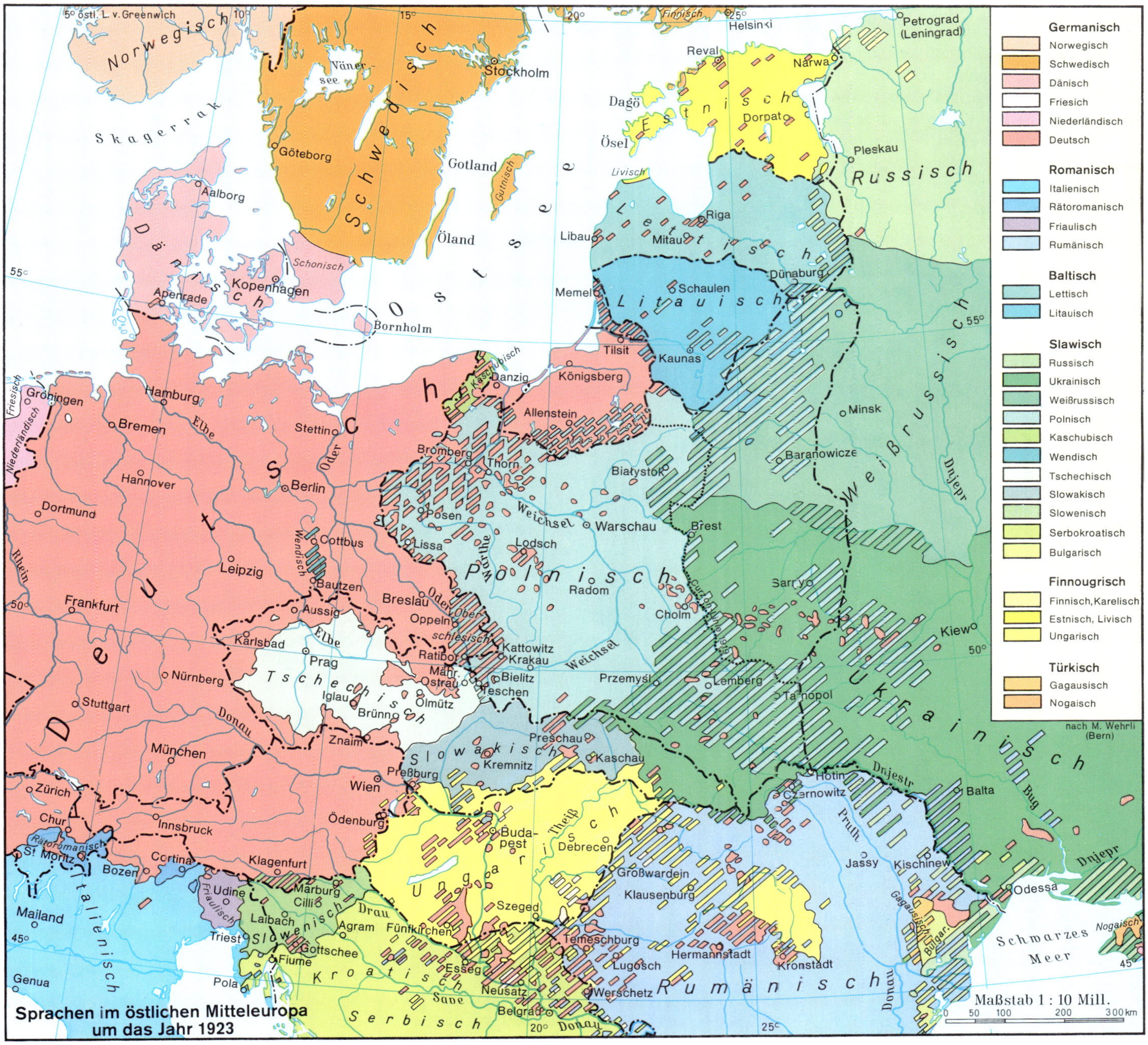

gen einbegriffen – seit dem Mittelalter deutsch. Weitere Landstriche Posens und Westpreußens werden im 16. und 17. Jahrhundert wieder deutsch besiedelt. Das Streudeutschtum, wie es bis zum Zweiten Weltkrieg bestand, geht jedoch im wesentlichen auf das 18. und 19. Jahrhundert zurück.

Siedlungsgebiet	deutscher Bevölkerungsanteil
Posen – Pommerellen	383 000
Oberschlesien	390 000
Teschener Gebiet	40 000
Olsagebiet	60 000
Mittelpolen	360 000
Ostpolen	67 000
Galizien	71 000
In Polen (1939) insgesamt:	1 371 000

Unter diesen Gebieten waren Posen und Pommerellen, das Mittelstück der früheren Provinz Westpreußen, für das Deutschtum am bedeutsamsten. Beide wurden nach dem Ersten Weltkrieg ohne Abstimmung von Deutschland abgetrennt und dem neu erstandenen Polen angegliedert, womit in den Folgejahren eine erste Vertreibung bzw. Hinausdrängen großer deutscher Bevölkerungsteile durch Polen einsetzte. Während des Zweiten Weltkrieges wurden diese Gebiete mit geringen territorialen Erweiterungen wieder an das Deutsche Reich angeschlossen. Einen Teil der mit letzteren Gebieten übernommenen Polen versuchte man einzudeutschen, ein anderer Teil wurde nach Zentralpolen umgesiedelt.

Nicolaus Copernicus (1473-1543), konnte, von seinem Onkel, dem Bischof von Ermland gefördert, ein relativ ruhiges Gelehrtenleben führen, trotz der gewaltigen Revolution der Himmelskunde, die auf seine Erkenntnisse und Schriften zurückgeht — sein Denkmal in Thorn.

Das Baltikum. Das Baltikum umfaßt den Raum der 1940 von der Sowjetunion annektierten Staaten Estland, Lettland und Litauen. Das Gebiet der beiden erstgenannten kam bereits im 13. Jahrhundert – damals noch insgesamt Livland genannt – zunächst unter die Herrschaft des Schwertbrüder-Ordens, der dann im Deutschen Orden aufging. Bereits 1184 erbaute der aus dem Kloster Segeberg in Holstein stammende Chorherr Meinhard an der Mündung der Düna (Uexküll) die erste Kirche in Livland. Die Deutschen stellten in Estland sowie in den aus dem alten Livland hervorgegangenen Provinzen Livland und Kurland die geistige Führungsschicht und den grundbesitzenden Landadel. Die Städte, unter denen Riga (1201) und Reval (1219) hervorragen, werden durch ihre lange Zugehörigkeit zur Hanse von der deutschen Backsteingotik geprägt. In der wechselvollen Geschichte gerieten die baltischen Provinzen für unterschiedliche Zeiträume unter schwedische, polnische und zuletzt von 1795–1918 geschlossen unter russische Herrschaft. Litauen ist einen historisch, kulturell und religiös anderen Weg gegangen. Auch hatten die Deutschen dort nicht die bestimmende Position inne wie im nördlichen Teil des Baltikums während eines Zeitraums von nahezu 850 Jahren. Als Folge des Hitler-Stalin-Paktes wurden auf der Grundlage von Verträgen zwischen dem Deutschen Reich und den Regierungen von Estland und Lettland 76 000 Deutsche (Lettland: 57 000, Estland: 18 500) vornehmlich in die Gebiete Westpreußen und Posen umgesiedelt. Eine Nachumsiedlung im Jahre 1941 erfaßte weitere 1700 Deutsche. Aus Litauen wurden insgesamt 51 000 Deutsche umgesiedelt.

Rußland

In Rußland entstand seit 1763 ein geschlossener deutscher Siedlungsraum, der später als ,,Wolgadeutsches Autonomes Gebiet'' bis zu seiner Auflösung im Jahre 1941 eine gewisse Selbständigkeit innerhalb der Sowjetunion genoß. Zwischen Dnjestr und Donez sind seit 1789 weite Teile der ukrainischen Grassteppe durch deutsche Bauern in fruchtbares Ackerland verwandelt worden. Deutsche Siedlungen entwickelten sich seit 1804 auch im Gebiet Odessa/Nikolajew, auf der Krim, seit 1815 im südlichen Bessarabien und seit 1817 im Südkaukasus, dazu viel später im Nordkaukasus. Kleinere Streu- und Einzelsiedlungen entstanden schon um 1766 bei Sankt Petersburg (Leningrad). Die deutschen Volkstumsinseln in Rußland bestehen heute praktisch nicht mehr. Die Deutschen aus den von Rußland vor Beginn des Rußlandfeldzuges besetzten und später annektierten baltischen Ländern sowie den polnischen und rumänischen Landesteilen wurden bis auf geringe Reste von deutschen Behörden umgesiedelt: Litauen ohne Memelgebiet (52 000), Bessarabien (93 000), Nordbukowina (43 000), Ostgalizien (57 000), Polnisch-Wolhynien (67 000), Narewgebiet (11 000). 350 000 Deutsche vom Schwarzen Meer und aus Russisch-Wolhynien siedelten sich nach dem Einmarsch der deutschen Truppen zum großen Teil im Wartheland an. Die übrigen Wolhynien- und Schwarzmeerdeutschen wurden von russischen Behörden nach Sibirien, Kasachstan und anderen Gebieten Innerasiens zwangsverschickt und zerstreut. Das gleiche Los teilten mit ihnen 400 000 Wolgadeutsche, 50 000 Deutsche aus dem Kaukasusgebiet und 40 000 von der Krim (vgl. Karte auf S. 63).

Über ihr weiteres Schicksal und das der übrigen Rußlanddeutschen, deren Gesamtzahl in der Sowjetunion 2,2 Mill. (1989) beträgt, liegen teilweise Unterlagen vor. Von den vorwiegend im Wartheland angesiedelten 350 000 Rußlanddeutschen, die z.T. mit den Einwohnern Ostdeutschlands nach Mittel- und Westdeutschland geflohen waren, wurden beim Einmarsch der Roten Armee bei Kriegsende wiederum 250 000 nach Sibirien verschleppt. In die Bundesrepublik Deutschland sind von 1950 bis 1990 403 000 Rußlanddeutsche ausgesiedelt worden.

Die Donauschwaben

Mit mehr als 1 Million Menschen bildeten die Donauschwaben die größte Gruppe des Deutschtums in Südosteuropa. Unter der Bezeichnung ,,Donauschwaben'' faßt man die Deutschen des Ungarischen Beckens in Ungarn, Rumänien und Jugoslawien unabhängig von ihrer Herkunft einheitlich zusammen. Diese Siedler kamen anfangs aus den westlichen Nachbarlandschaften, später zum Großteil aus den süddeutschen Gebieten beiderseits des Rheins. Sie folgten nach der Befreiung des Ungarlandes von der Türkenherrschaft dem Ruf des Kaisers ,,zu besserer Aufhelfung, Wiedererhebung und Bevölkerung des fast gänzlich zugrunde gerichteten und abgeödeten Erbkönigreiches Hungarn''. – ,,Impopulationspatent'' (Gesetz zur Wiederbesiedlung) von 1689. In größerem Umfang setzte die Wiederbesiedlung des entvölkerten Landes durch deutsche Bauern und Bergleute jedoch erst nach 1723 ein, als auch die ungarischen Stände im Reichstag zu Preßburg den Kaiser um Siedler ersuchten. Mit Weib und Kind begaben sich nun die Deutschen auf die beschwerliche Fahrt – zumeist auf Donauschiffen, den sogenannten ,,Ulmer Schachteln'' und ,,Kelheimer Plätten'' – in eine ungewisse neue Heimat. Neben mehreren kleineren sind vor allem drei große ,,Schwabenzüge'' bedeutsam: 1723-1726, 1763-1773, 1782-1787.

Weit über die ganze Ungarische Tiefebene verstreut, ließen sich die ,,Schwaben'' unter Gewährung besonderer Rechte und Freiheiten in geschlossenen Siedlungsgebieten nieder und machten in zäher, mühsamer Arbeit verlassene und wüste Gebiete zu ertragreichem Kulturland.

Das Siedlungsgebiet im *südwestlichen Ungarischen Mittelgebirge* war von Raab, Plattensee und Donauknie begrenzt. Im Zentrum Budapest gaben 11 000 Einwohner Deutsch als Nationalität, 22 300 als Muttersprache an (1941).

Die *Schwäbische Türkei* südlich des Plattensees erstreckte sich mit dem Zentrum Fünfkirchen (Pécs) bis zur Donau und Drau.

Zwischen Save und Drau liegt *Slawonien* mit dem Zentrum Esseg, westlich angrenzend zwischen Save und Donau das Siedlungsgebiet *Syrmien*. Nach dem Zweiten Weltkrieg wanderte die deutsche Bevölkerung großenteils nach Brasilien aus; bereits 1955 finden wir in Paraná eine syrmiendeutsche Mustersiedlung mit fünf Dörfern und 2520 Deutschen, auf 350 Einzelhöfe verteilt. Zusammen mit dem benachbarten Banat war die *Batschka* – zwischen Donau und Theiß im südlichen Teil des Ungarischen Beckens mit dem Zentrum Neusatz – das wirtschaftlich wichtigste Hanfanbaugebiet Jugoslawiens. Der Hanfanbau sowie die Verarbeitung lagen fast ausschließlich in deutscher Hand.

Als bedeutendstes Siedlungsgebiet der Donauschwaben ist der *Banat* anzusehen, östlich der Theiß bis zur Donau und zu den Karpaten reichend. 86 fast reindeutsche Gemeinden und weitere 332 Gemeinden mit deutscher Mehrheit entfielen auf den rumänischen, jugoslawischen und ungarischen Anteil des Gebietes. Temeschburg (Temesvár) war die wichtigste deutsche Schulstadt in Südosteuropa. 1956 arbeiteten in Reschitz und Steierdorf 20 000 deutsche Bergleute. Insgesamt sind etwa 200 000 Banater Schwaben nach dem Zweiten Weltkrieg seßhaft geblieben.

Siebenbürgen

Das älteste und geschlossenste deutsche Siedlungsgebiet im Südosten ist die Karpetenlandschaft *Siebenbürgen* mit den Zentren Hermannstadt und Kronstadt. Auf Wunsch des ungarischen Königs (1141) siedelten Sachsen auf sogenanntem „Königsboden“ (Ackerland mit besonderen Vorrechten). Von 1211 bis 1225 übernahm der Deutsche Orden den einen Schutzauftrag und errichtete bei Kronstadt die erste Marienburg.

Von den Siebenbürger Sachsen verblieben etwa 174 000 in der Heimat, 26 000 wurden in die Sowjetunion verschleppt, mehr als 30 000 emigrierten in die Bundesrepublik Deutschland.

Bukowina, Bessarabien, Dobrudscha, Karpatenländer, Westungarn, Slowenien

Die Siedlungsgebiete des *Buchenlandes* (Bukowina), *Bessarabiens* und der *Dobrudscha* innerhalb der früheren Grenzen Rumäniens sind auf der Volkstumskarte (S. 55) ersichtlich. Zum ältesten deutschen Siedlungsboden gehören das *Hauerland* und die *Zips* in den Westkarpaten (vgl. Bild auf S. 53). Anfänge deutscher Besiedlung in *Westungarn* lassen sich bis zum Jahre 800 zurückverfolgen. Das gleiche trifft auf *Slowenien* zu. Krainburg und Laibach sind als karolingische Pfalzen gegründet; die Sprachinsel Gottschee bildete zur Zeit der Türkeneinfälle ,,des Landes Crain Warnung und gleichsam Schildwach''.

Nach den Volkszählungen 1940/41 betrug der deutsche Bevölkerungsanteil in den Siedlungsgebieten der Donauschwaben und in den weiterhin angeführten Gebieten Südosteuropas:

Siedlungsgebiet	deutscher Bevölkerungs-anteil	Siedlungsgebiet	deutscher Bevölkerungs-anteil
Ungarisches Mittelgebirge	88 400	Siebenbürgen	254 200
Schwäb. Türkei	138 100	Bukowina	82 100
Slawonien	71 000	Bessarabien	94 100
Syrmien	73 600	Dobrudscha	15 700
Batschka	200 000	Karpatenländer	165 000
Banat	404 500	Westungarn	38 400
		Slowenien	34 200

Das Deutschtum in Südosteuropa heute

Ungarn. Von 623 000 Deutschen vor dem Zweiten Weltkrieg sind etwa 270 000 (1950) zurückgeblieben. Von 1950 bis 1990 sind rund 20 000 ausgesiedelt worden. Seit 1955 ist Deutsch wieder Unterrichtsfach in über 100 Schulen, davon 8 Schulen mit deutscher Unterrichtssprache.

Jugoslawien. Flucht, Vertreibung, Verschleppung, Terror und letztlich Aussiedlung verminderten den deutschen Bevölkerungsanteil von 536 800 im Jahre 1937 ganz beträchtlich. 1958 gab es nur noch rund 82 000 Deutsche. Durch Vertreibung hat sich die Zahl bis 1990 auf 11 000 Deutsche reduziert.

Rumänien. Von 786 000 Deutschen 1940 verblieben über 400 000 in Rumänien (1952). Das deutsche Schulwesen wurde bei den Siebenbürger Sachsen und Banater Schwaben sehr bald wieder aufgebaut. Allein in der Zeit von 1949 bis 1954 sind über 1200 deutsche Bücher mit einer Gesamtauflage von 4 Millionen Stück erschienen oder wiederaufgelegt worden. Die Benachteiligung der Deutschen wurde in zunehmendem Maße so stark, daß in der Zeit von 1950 bis 1990 rund 350 000 in die Bundesrepublik aussiedelten. Zur Zeit befinden sich schätzungsweise 70 000 bis 80 000 Deutsche noch in Rumänien.

Das Schwarzhäupterhaus in Riga (14. Jh.)

Deutschland und Polen zwischen den beiden Weltkriegen

Noch während des Ersten Weltkrieges hatten das Deutsche Reich und Österreich-Ungarn am 5. 11. 1916 die Neugründung eines polnischen Staates proklamiert. Nach der Niederlage der Mittelmächte verständigte sich Polen mit den siegreichen Westmächten, um seine territorialen Ansprüche durchzusetzen. Im Versailler Vertrag wurde der neu entstandenen Polnischen Republik fast die ganze Provinz Posen mit Ausnahme eines schmalen Streifens im Westen, die Provinz Westpreußen ohne die rechts der Weichsel liegenden Kreise, die Weichselniederung und die westlichen Kreise Flatow und Schlochau sowie kleine Teile ostpreußischer und niederschlesischer Kreise zuerkannt. Diese Gebiete umfaßten insgesamt rund 43 000 km² mit fast 3 Millionen Einwohnern, davon etwa 1,1 Millionen Deutsche (nach der Volkszählung von 1910). Danzig und sein Umland wurden zu einer „Freien Stadt“ unter dem Schutz des Völkerbundes erklärt. Polen erhielt jedoch im wirtschaftlichen Bereich, bei der Bahnverwaltung und bei der Hafennutzung besondere Vorrechte. Der Versailler Vertrag hatte jedoch nur einen Teil der weitreichenden polnischen Forderungen erfüllt. In den Gebieten, in denen der Vertrag Volksabstimmungen vorsah, versuchten polnische Nationalisten durch Terror und Aufstände die Abstimmungsergebnisse zu beeinflussen (Oberschlesien 1919, 1920, 1921). Diese Aktionen erfüllten durchaus ihren Zweck. Obwohl sich am 20. März 1921 in Oberschlesien 59,6% der Bevölkerung für Deutschland aussprachen, wurden rund 25% des Abstimmungsgebietes mit 42,5% der Einwohner und dem überwiegenden Anteil der Bodenschätze Polen zugesprochen. Hingegen unterblieb der von Polen ebenfalls erhoffte Anschluß von Masuren (südliches Ostpreußen) und restlicher Teile Westpreußens. In diesen Gebieten hatte sich die Bevölkerung mit 98% bzw. 92% eindeutig für einen Verbleib bei Deutschland ausgesprochen.

Trotz des 1919 von den Siegermächten von Polen verlangten Minderheitenschutzes (fast 40% der Bevölkerung bestand aus verschiedenen nichtpolnischen Volksgruppen) waren die Deutschen, besonders in den zuvor preußischen Teilgebieten, starken Polonisierungs- und Verdrängungsmaßnahmen ausgesetzt (vgl. H. Rauschning: Die Entdeutschung Westpreußens und Posens, Berlin 1930). Eine erste Vertreibung Deutscher erfolgte im Jahre 1920. Der Rückgang der deutschen Bevölkerung in Posen/Pommerellen von 1 164 000 im Jahre 1918 auf 312 000 im Jahre 1939 betrug mithin 73%. Aus dem polnisch gewordenen Teil Oberschlesiens flohen bis 1926 180 000 Deutsche.

Die deutsch-polnischen Spannungen wurden ferner genährt durch nationalpolnische Forderungen nach weiteren Annexionen deutscher Gebiete (vor allem in Hinblick auf Ostpreußen, Rest-Oberschlesien, Freistaat Danzig), durch Auseinandersetzungen im Zollbereich, Zwischenfälle in Danzig (Westerplatte, Hafen u.a.) sowie durch Pläne eines Präventivkrieges gegen Deutschland (Anfang der 20er Jahre und 1933).

Die vorübergehende deutsch-polnische Annäherung (Nichtangriffserklärung 26. 1. 1934) nutzte Polen 1934 für die Kündigung des Minderheitenschutzvertrages, zumal Deutschland im Herbst 1933 aus dem Völkerbund ausgetreten war. Nach dem Tode Pilsudskis (12. 5. 1935) suchte dessen deutschfeindlicher Nachfolger, Marschall Rydz-Smigly, bei den Westmächten Rückendeckung gegen Deutschland. Die neue Verfassung mit dem geänderten Wahlverfahren verhinderte im April 1935 die Wahl parlamentarischer Vertreter der deutschen Bevölkerung in Polen. Das Grenzzonengesetz vom 1. 7. 1937 richtete sich mit scharfen Maßnahmen gegen die deutsche Minderheit. Es brachte Erschwernisse bei Erbübergang, Kauf und Pachtung von Grundstücken, Ausweisungen, Beschlagnahmungen, Enteignungen. Hitlers Versuch, Polen zum Schwenken auf seine antisowjetische Bündnispolitik zu bewegen, scheiterte. Nach Anschluß des Sudetenlandes im Oktober 1938 – wobei Polen von der Tschechoslowakei das Olsa-Gebiet annektierte – schlug Hitler am 29. 10. 1938 der polnischen Regierung eine Regelung des Danzig- und Korridorproblems vor: Rückgliederung Danzigs an das Reich; Volksentscheid im Korridor; exterritoriale Autobahn und Eisenbahnlinie für den Verlierer; dafür Verlängerung des Nichtangriffpaktes und Garantie der polnischen Grenzen. Nach dem deutschen Einmarsch in Prag am 15. 3. 1939 erneuert

Politische Gliederung im Jahre 1914

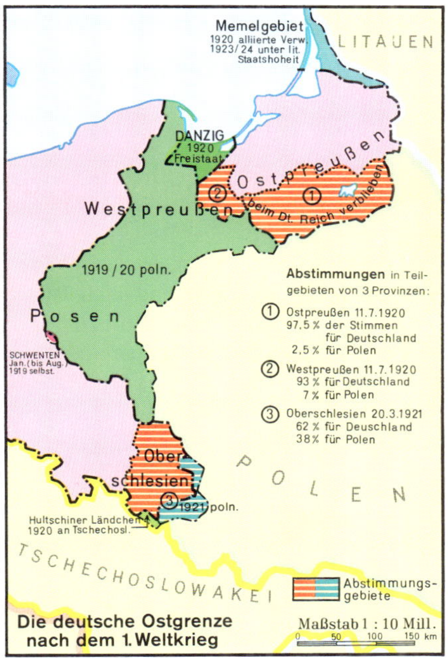

Die deutsche Ostgrenze nach dem 1. Weltkrieg

Politische Gliederung im Jahre 1923

Hitler seinen Vorschlag. Unter diesem Eindruck des Schicksals der Tschechoslowakei und der erzwungenen Rückgliederung des Memellandes (23. 3. 1939) lehnte Polen den Vorschlag strikt ab und weigerte sich, fortan zu verhandeln. Es mobilisierte vielmehr Reservistenjahrgänge. Der englisch-französischen Garantie-Erklärung für Polen vom 31. 3. 1939 und dem britisch-polnischen Beistandspakt vom 6. 4. 1939 folgten die Aufkündigung des deutsch-polnischen Nichtangriffspaktes (28. 4. 1939) durch Hitler und eine scharfe Antwort des polnischen Außenministers vor dem Sejm. In Polen herrschte Kriegsstimmung, man rüstete psychologisch und propagandistisch zum „Marsch auf Berlin". In Eile wurde ein Kriegszustandsgesetz (30. 6. 1939) erlassen, das die Befugnisse zum Vorgehen gegen Deutsche erweiterte. Trotz unzweifelhafter Staatstreue der überwiegenden Mehrheit der Deutschen in Polen verschärfte sich die Lage für die Deutschen bis zur offenen Verfolgung. Der deutsch-sowjetische Nichtangriffspakt (23. 8. 1939) mit dem geheimen Zusatzprotokoll über die Aufteilung der beiderseitigen Interessen in Polen und im übrigen Ostmitteleuropa gab Hitler, der zu gewaltsamer Lösung des Problems bereit war, freie Hand. Polen, gestützt auf den britisch-polnischen Beistandspakt, war nicht zum Einlenken bereit. Vermittlungsversuche blieben erfolglos. Polen erklärte am 30. 8. 1939 die allgemeine Mobilmachung. Im Vertrauen auf England und die eigene Stärke nahm es einen Krieg in Kauf, den man infolge der vermuteten inneren Schwäche Deutschlands rasch zu gewinnen hoffte. Am 1. 9. 1939 begann daraufhin der deutsche Angriff auf Polen, der sich durch den Eintritt anderer Mächte zum Zweiten Weltkrieg ausweitete.

Unmmittelbar bei Kriegsausbruch hatten in Polen Verhaftungen von führenden Männern und Frauen der deutschen Volksgruppe eingesetzt, die unter leidvollen Bedingungen in Fußmärschen nach Osten geführt wurden. Die Verschleppten wurden zum Teil ermordet, der Rest von deutschen Truppen befreit. Die meisten Opfer forderte der „Bromberger Blutsonntag". Insgesamt kamen bei diesen Ausschreitungen 5000–6000 Deutsche ums Leben; mehrere Tausend galten als vermißt, waren gesundheitlich geschädigt oder verkrüppelt.

Die Sowjetunion besetzte den östlichen Teil Polens bis zur Curzonlinie, und Stalin erklärte am 17.9.1939 den polnischen Staat als nicht mehr bestehend. Die im Versailler Frieden Polen zugesprochenen deutschen Gebiete kamen mit einigen Erweiterungen an Deutschland zurück. Das Restgebiet mit Warschau und Krakau wurde Generalgouvernement unter deutscher Verwaltung. Damit begann die Leidenszeit des polnischen Volkes (Zwangsumsiedlungen, Geiselerschießungen, Verweigerung höherer Schulbildung), und vor allem seiner jüdischen Mitbürger (verstärkt durch den polnischen Antisemitismus; Warschauer Getto, Vernichtungslager Auschwitz, Maidanek). Der Rückzug der kämpfenden deutschen Truppen aus Rußland bezog Polen nochmals in das Kriegsgeschehen ein. Er aktivierte die polnische Widerstands- und Untergrundbewegung. Am Ende des Zweiten Weltkrieges entlud sich bei einem großen Teil der polnischen Bevölkerung ein Haß, durch den ebenso wie in den polnischen Straf- und Vernichtungslagern (Myslowitz, Lamsdorf/Oberschlesien und Potulitz bei Bromberg u.a.) Tausende Deutsche den Tod fanden.

Die Bestrebungen nationalpolnischer Kreise deckten sich mit Wunschvorstellungen aus dem 19. Jahrhundert. Das polnische Nationalkomitee in Paris forderte 1917 in mehreren Denkschriften an westliche Staatsmänner und 1919 als polnische Friedensdelegation in Versailles (Roman Dmowski) die Einbeziehung Ostpreußens und ganz Oberschlesiens in den polnischen Staat. 1920 bezeichnete Dmowski die abgetretenen deutschen Gebiete als ,,Anzahlung''. Seit 1930 propagierte der halbamtliche polnische ,,Westmarken-Verband'' die Verschiebung der polnischen Westgrenze bis zur Oder, ja darüber hinaus bis vor Berlin und Dresden.

Seit 1942 bezeichnete die polnische Exilregierung in London die Oder-Neiße-Linie als „für Polen natürliche Sicherheitslinie gegen Deutschland" und forderte als Mindestgewinn: Ostpreußen, das Danziger Gebiet, Teile Pommerns und Oberschlesien. Auf der Konferenz von Teheran brachte Stalin die Oder-Neiße-Linie als polnische Westgrenze ins Gespräch (1943). Während man sich westlicherseits noch Gedanken darüber machte, welchen Gebietsgewinn Polen auf Kosten Deutschlands erhalten sollte, hatte Stalin bereits mit der kommunistischen Exilgruppe in Moskau (späteres „Lubliner Komitee") die Festlegung der Oder-Neiße-Linie als künftige polnische Westgrenze vereinbart. Dem Einwand des Außenministers der nichtkommunistischen Londoner Exilregierung, man wolle die Grenzen des künftigen Polen nicht so nach Westen verlegen, um nicht acht bis zehn Millionen Deutsche aufnehmen zu müssen, kurz: man wollte Breslau und Stettin nicht, begegneten Stalin und die polnische Exilgruppe in Moskau mit dem Plan, die Gebiete östlich von Oder und Neiße rasch zu entvölkern. Dies sollte einmal durch Flucht der Deutschen vor den Greueln der Roten Armee gegenüber der Zivilbevölkerung, zum anderen durch Vertreibung des verbleibenden Restes geschehen. Von daher erhalten die beispiellosen Ausschreitungen der Roten Armee gegenüber der wehrlosen Zivilbevölkerung im Osten Deutschland eine Funktion im Machtkalkül Stalins und damit auch eine rationale Erklärung.

Das „Potsdamer Protokoll" (27. 7. – 2. 8. 1945) unterstellte die Oder-Neiße-Gebiete unter polnische und Nordostpreußen unter sowjetische Verwaltung bis zur endgültigen Festlegung der Grenzen in einem Friedensvertrag. Damit haben sich in Polen langgehegte expansive Vorstellungen erfüllt. Das Deutsche Reich wurde zerschlagen; Polens Freiheit, die die Westmächte 1939 schützen wollten, ging an die sowjetische Vormacht verloren.

Die Sudetendeutsche Frage

Der zweite völkisch gemischte Raum des östlichen Mitteleuropas, in dem auf das Unrecht von der einen Seite neues Unrecht von der anderen Seite folgte, war Böhmen und Mähren. Hier im österreichischen Kronland lebten zusammen mit Tschechen, Slowaken und anderen slawischen Gruppen ,,Sudetendeutsche'' – ein Name, der nach der Jahrhundertwende als Sammelbezeichnung für die in Böhmen, Mähren und Österreichisch-Schlesien wohnenden Deutschen üblich geworden war. Beim Zusammenbruch Österreich-Ungarns im Herbst 1918 wurde in Prag ein tschechischer Nationalstaat ausgerufen, während die Sudetendeutschen die beiden Provinzen ,,Deutsch-Böhmen'' und ,,Sudetenland'' mit eigenen Landesregierungen bildeten. Diese beiden Provinzen erklärten sich zu Bestandteilen der Republik Deutsch-Österreich, die sich ihrerseits der gesamtdeutschen Republik anschließen wollte.

Die Entscheidung über die Zukunft des Sudetendeutschtums war aber bereits im Schoße der Großmächte gefallen. Im Widerspruch zum Selbstbestimmungsrecht der Völker deklarierte der Friedensvertrag von St. Germain die Zugehörigkeit der deutsch besiedelten Sudetengebiete zur Tschechoslowakei. Den Signaturmächten der Friedenskonferenz von St. Germain wurde zugesichert, daß der neue Staat nach Schweizer Vorbild gestaltet werden würde. Leider blieb die Erfüllung dieses Versprechens aus; die deutschen Klagen über Zurücksetzungen und Benachteiligungen durch die Prager Regierung rissen nicht ab. Hinzu trat, daß die Ende der Zwanziger Jahre ausbrechende Weltwirtschaftskrise mit ihrer Massenarbeitslosigkeit die hochindustrialisierten Sudetengebiete weit härter traf als den mehr agrarischen Siedlungsraum des tschechischen Volkes.

Nach der Eingliederung Österreichs unter Hitler in das Deutsche Reich wurde die sudetendeutsche Frage wieder zum internationalen Problem. Die überwiegende Mehrheit der Sudetendeutschen, auch führende Kräfte innerhalb der Sudetendeutschen Partei Konrad Henleins, strebte keineswegs den Anschluß der Sudetengebiete an ein nationalsozialistisches Deutschland an, sondern trachtete die nationalen Spannungen innerhalb des tschechoslowakischen Staates im Rahmen einer Autonomie zu lösen. England und Frankreich und die den Regierungen in London und Paris nahestehende Presse erörterten jedoch bereits die Möglichkeit einer Abtrennung des sudetendeutschen Gebietes vom tschechoslowakischen Staatsverband. Hitler, der vor allem am Bündnis zwischen Prag und Moskau Anstoß nahm, war entschlossen, die Tschechoslowakei zu zerschlagen.

Die ungelöste sudetendeutsche Frage erschien ihm dabei um so willkommener, als sie sich ganz unter das Prinzip der nationalen Selbstbestimmung stellen ließ. Nach langen Verhandlungen erklärte sich schließlich die Prager Regierung auf Drängen Englands und Frankreichs bereit, die sudetendeutschen Gebiete der Tschechoslowakei an das Deutsche Reich abzutreten. Wie sehr das angeführte Recht auf Selbstbestimmung für Hitler nur ein propagandistischer Vorwand war, zeigte sich knapp sechs Monate später: Mitte März ließ er die Wehrmacht in die Rest-Tschechoslowakei einmarschieren und verstieß damit brutal gegen das Selbstbestimmungrecht der Völker.

Die Sudetendeutschen waren sehr bald vom Anschluß ihrer Heimat an das nationalsozialistische Deutsche Reich ernüchtert. Die gemäßigten Kräfte in der Führung der Sudetendeutschen Partei, die auf einen Ausgleich im Rahmen einer Autonomie gedrängt hatten, wurden schon sehr bald aus den ihnen zugedachten Führungspositionen verdrängt. Lange bevor sich Hitlers Überfall auf die SU im Protektorat entfaltete, waren ehemalige Mitarbeiter Konrad Henleins vor Gericht oder sogar ins Konzentrationslager gebracht worden. Der sudetendeutsche Widerstand gegen das nationalsozialistische Deutschland, vor allem derjenige der Sozialdemokraten und der Kommunisten, war im Vergleich zur Bevölkerungszahl ungleich stärker als im Reichsgebiet oder in Österreich. An den harten Vergeltungsmaßnahmen des nationalsozialistischen Regimes gegen die im Verlauf des Krieges immer stärker werdenden Widerstandskräfte im tschechischen Volk hatte das Sudentendeutschtum keinen Anteil.

Flucht und Vertreibung der Deutschen

In dieser haßerfüllten Atmosphäre, wie sie durch eine unheilvolle Kette von Unrecht und Wider-Unrecht geschaffen worden war, ging der Krieg mit der bedingungslosen Kapitulation der deutschen Wehrmacht im Mai 1945 zu Ende. Schon vier Monate zuvor, als die Rote Armee die deutschen Ostgebiete erreichte, suchte sich die dortige Bevölkerung vor den nun unmittelbar nahenden Schrecken des Krieges und den Gewalttaten der sowjetischen Soldaten durch Flucht nach Westen in Sicherheit zu bringen. Für die meistens zu spät einsetzenden Maßnahmen der Behörden zur Räumung der Kampfgebiete durch die Zivilbevölkerung standen weder ausreichende Transportmittel noch genügend freie Straßen zur Verfügung. Vielfach sind die nur langsam vorankommenden Flüchtlingstrecks durch sowjetische Panzerkolonnen überholt und zur Rückkehr gezwungen worden. So war im Frühjahr 1945 die ganze ostdeutsche Bevölkerung in Bewegung geraten, doch nur ein Teil von ihnen hatte bis dahin die angestammte Heimat verlassen. Gleich nach der Kapitulation versuchte sogar ein großer Teil der Geflohenen und Evakuierten, wieder nach Hause zu kommen. Auch über die Oder und Neiße kamen Hunderttausende ostdeutscher Flüchtlinge aus Sachsen und Mecklenburg zurück. Die Gesamtzahl dieser ,,Rückkehrer'' wird auf 1,1 Millionen geschätzt. Jenem Rückstrom machte die polnische Verwaltung durch eine Absperrung der Flußübergänge im Juni 1945 ein Ende.

Aus dem Protokoll der Potsdamer Konferenz geht eindeutig hervor, daß Ostdeutschland lediglich unter polnische und sowjetische Verwaltung gestellt wurde. Im Artikel XIII des Konferenzprotokolls wird diese Auffassung unterstrichen. Dort heißt es, „daß die Überführung der deutschen Bevölkerung oder Bestandteile derselben, die in Polen, der Tschechoslowakei und in Ungarn zurückgeblieben sind, nach Deutschland ... in ordnungsgemäßer und humaner Weise erfolgen muß“. Mit dieser „ordnungsgemäßen und humanen Überführung“ begann die grausamste Vertreibung seit Menschengedenken. Rund 12 Millionen Ostdeutsche verloren so ihre Heimat; 2–3 Millionen Deutsche fanden durch Mord, Mißhandlungen, Hunger und Seuchen den Tod.

Die Ostgebiete unter fremder Verwaltung

Die Potsdamer Beschlüsse vom 2.8.1945 – an denen Deutschland nicht beteiligt war – hatten die Deutschen Ostgebiete (114300 qkm, eine Fläche so groß wie Belgien, Holland, Luxemburg und die Schweiz zusammen) ,,bis zu einem Abschluß eines Friedensvertrages mit Deutschland'' unter polnische bzw. den nördlichen Teil Ostpreußens unter sowjetische Verwaltung gestellt.

Als Demarkationslinie wurde die „Oder-Neiße-Grenze“ festgelegt, Polen, teils aus dem sowjetisch besetzten Ostpolen vertrieben, teils aus Mittelpolen kommend, besiedelten die leeren Räume. Aber sie reichten in den ersten Nachkriegsjahren bei weitem nicht aus, um die Wirtschaft in Stadt und Land wieder richtig in Gang zu bringen. In den letzten Jahren haben sich die Produktionsverhältnisse jedoch gebessert. Auch viele zerstörte Städte wurden neu aufgebaut, darunter Danzig.

Während Polen und die übrigen Ostblockstaaten im Potsdamer Abkommen eine definitive Grenzregelung sahen, gingen westliche Völkerrechts- und bundesdeutsche Staatsrechtslehre vom Fortbestand des Deutschen Reiches in seinen Grenzen vom 31. Dezember 1937 aus.

Anfang der siebziger Jahre versuchte die Bundesregierung, das Verhältnis zu ihren östlichen Nachbarn auf politischer Ebene zu entspannen. Die zu diesem Zweck geschlossenen Ostverträge waren

Flüchtlingstreck aus Schlesien auf dem Weg nach Westen

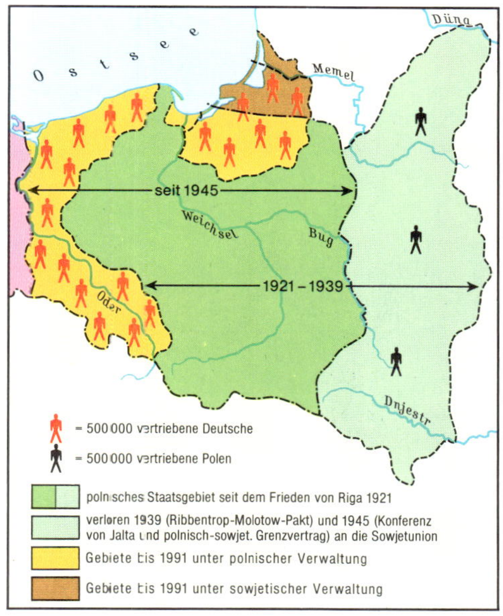

Die polnischen Grenzverschiebungen nach dem Zweiten Weltkrieg und die deutschen Ostgebiete unter fremder Verwaltung nach 1945

Gewaltverzichtsverträge. Eine Grenzanerkennung erfolgte durch sie nicht.

Erst im Rahmen der deutschen Vereinigung regelten die vier Siegermächte, Deutschland und Polen die Grenzfrage. Im ‚Zwei + Vier-Vertrag' und dem deutsch-polnischen Grenzvertrag erkannte Deutschland die faktisch seit 1945 bestehende Oder-Neiße-Linie als Grenze zwischen Deutschland und Polen an.

Flüchtlinge und Vertriebene in vielen Teilen der Welt

Zu den Opfern des Zweiten Weltkrieges zählen nicht nur jene, die durch Kampfhandlungen oder in Konzentrationslagern ihr Leben einbüßten, sondern auch Millionen Menschen, die infolge der Kriegs- und Nachkriegsereignisse ihre Heimat verlassen mußten. Viele von ihnen, darunter über drei Millionen Deutsche, waren den oft unmenschlichen Strapazen und Verfolgungen auf der Flucht nicht gewachsen und starben unterwegs in Not und Elend. Imperialismus und Nationalismus, das heißt das rücksichtslose Streben nach starken, volkstumsmäßig einheitlichen Staaten, waren in der Politik der letzten Jahrzehnte beherrschend gewesen. Diese machtpolitischen Bestrebungen der Staaten hatten wesentlich dazu beigetragen, die Welt in zwei blutige Kriege zu stürzen. Waren während der nationalsozialistischen Herrschaft über den größten Teil Europas Millionen von Menschen verschleppt worden, so wollte man 1945 nach dem Ende des blutigen Ringens ein für allemal das Problem der nationalen Minderheiten aus der Welt schaffen. Das radikalste Mittel, um die namentlich in Ost- und Südosteuropa so buntscheckige Volkstums- und Sprachenkarte (siehe Seite 55) zu „bereinigen", aber ist die *Zwangsumsiedlung,* von der vor allem Deutsche betroffen wurden (vgl. Karte auf S. 62). Zu diesen von Staats wegen umgesiedelten oder ausgewiesenen Menschen kamen und kommen noch jene Millionen, die „freiwillig" Haus und Hof verlassen, um politischer Unterdrückung zu entgehen.

Das Ende des Zweiten Weltkrieges brachte keineswegs Ruhe für Asien und Afrika. In *China* setzten sich 1950 die Kommunisten durch und vertrieben viele Anhänger Tschiangkaischeks vom Festland. Die Not war so groß, daß Hunderttausende aus Mao Tsetungs kommunistischer „Volksrepublik" flohen und die kleine britische Kolonie Hongkong überfluteten. Nach der kommunistischen Gleichschaltung des von gläubigen Buddhisten bewohnten *Tibet* (1959) flohen viele Tibeter nach Indien und Nepal.

Beginnend mit Indien (1947) und Indonesien (1950) errangen die bislang unter europäischer Kolonialherrschaft stehenden asiatischen und afrikanischen Länder ihre Freiheit. Vielfach kam es dabei zu Vertreibung oder Flucht der europäischen Bewohner, so der Holländer und einiger tausend Indonesier aus *Indonesien,* der Belgier aus dem *Kongo* (1960) und der Franzosen aus Indochina (1954) und Nordafrika, besonders *Algerien* (1962). Die britischen Kolonien erlangten durchweg ihre Selbständigkeit, ohne daß es dabei zur Vertreibung der ohnehin nur geringen Zahl britischer Einwohner kam. Es gelang den Briten jedoch nicht, den Zerfall ihrer großen indischen Kolonie in einen mohammedanischen Staat (Pakistan) und einen Hindustaat (Indien und „Bahrat") zu verhindern. Der Glaubenszwiespalt veranlaßte Millionen von Mohammedanern, *Indien* zu verlassen, während ebenso Millionen Hindus aus *Pakistan* flohen.

Auch der Bürgerkrieg in den geteilten Ländern Vietnam und Korea zwang Millionen, ihre Heimat zu verlassen. Vietnam wurde inzwischen unter kommunistischen Vorzeichen wiedervereinigt.

Von noch anderer Art sind die Probleme, die im Vorderen Orient entstanden, als sich in Palästina der jüdische Staat *Israel* bildete. Die aus dem Machtbereich Hitlers geflohenen Juden Europas und Juden aus aller Welt – besonders aus den arabischen Ländern – verwirklichten hier den alten Traum, in ihrem Ursprungsland einen neuen eigenen Staat zu schaffen. Dabei gerieten die Juden natürlicherweise in scharfen Gegensatz zu den in Palästina einheimischen Arabern. Diese wurden zum größten Teil durch die beginnenden Kampfhandlungen aus Palästina in die umliegenden Länder vertrieben.

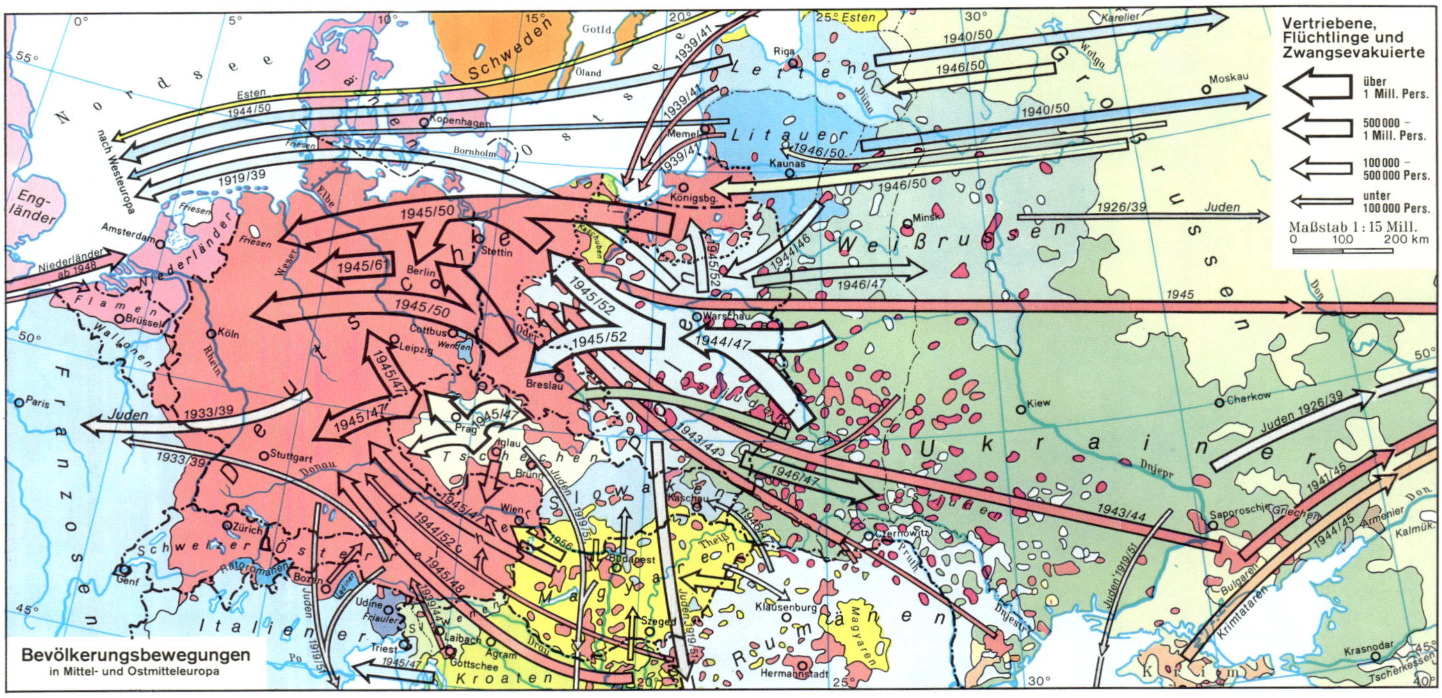

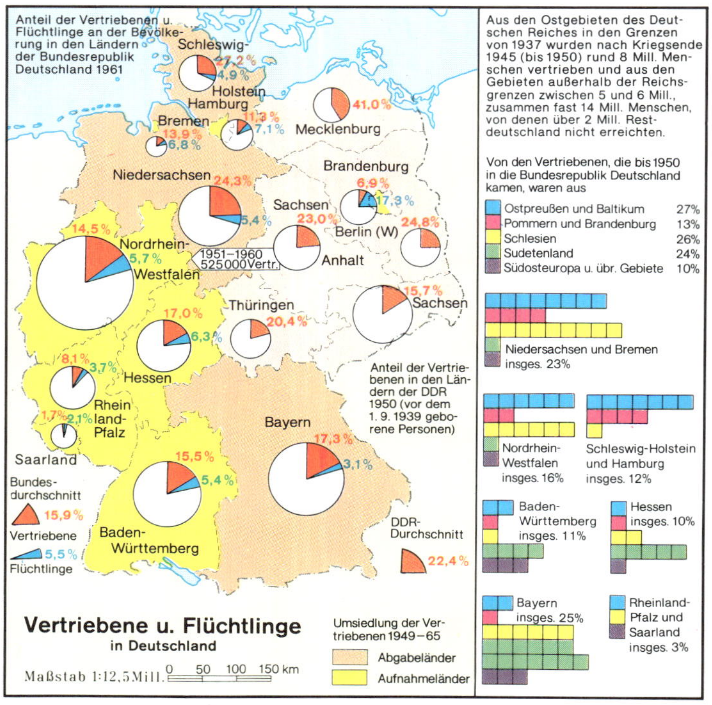

Seit 1939 mußten viele Millionen Menschen ihre Heimat verlassen

Hitler begann 1939 die Umsiedlung von Volksdeutschen	1 000 000 Menschen
In der deutschen Rüstungsindustrie fehlten Arbeitskräfte; Hitler brachte Millionen von Fremdarbeitern nach Deutschland. Außerdem verwandte er dazu Kriegsgefangene und verschleppte Millionen von Menschen aus den besetzten Gebieten. Die Alliierten befreiten 1945	9 000 000 Menschen
Hitler siedelte nach dem Polenfeldzug zwangsweise Polen aus dem Warthegau und Westpreußen in das Generalgouvernement um	1 500 000 Menschen
Deutschland und Italien versuchten nach dem Balkanfeldzug eine „Neuordnung der Territorien"; Ungarn, Serben, Kroaten, Rumänen, Bulgaren und Griechen flüchteten oder wurden umgesiedelt	1 200 000 Menschen
Die Alliierten repatriierten von den 9 000 000 Menschen 8 000 000; Menschen aus Ost- und Südosteuropa emigrierten mit Hilfe der Westmächte nach West-, Nordeuropa und nach Übersee (Kanada, USA, Südamerika, Israel und Australien)	800 000 Menschen
Der Zusammenbruch Italiens und die bedingungslose Kapitulation Deutschlands löste eine neue Welle von Flucht und Ausweisung aus.	
a) Italien mußte Flüchtlinge aus Istrien, Dalmatien, Libyen und Ostafrika aufnehmen	530 000 Menschen
b) Finnland mußte ausgewiesene Karelier aufnehmen	425 000 Menschen
c) Während des griechischen Bürgerkrieges flüchteten	750 000 Menschen
d) In den Satellitenstaaten erfolgte ein Bevölkerungsaustausch von Tschechen, Ungarn, Jugoslawen und Rumänen	500 000 Menschen
e) Die Volksrepublik Bulgarien wies Türken aus	200 000 Menschen
Die UdSSR siedelte nach 1941 Balten, Polen, Ukrainer, Kaukasier, Wolgadeutsche um; viele davon wurden nach Sibirien deportiert	4 000 000 Menschen
Die Angehörigen der Armee des auf seiten der Alliierten kämpfenden polnischen Generals Anders wurden in Großbritannien aufgenommen	200 000 Menschen
Vertriebene Deutsche:	
a) die vier Besatzungszonen nahmen auf	12 500 000 Menschen
b) Österreich nahm auf	400 000 Menschen
Die durch die Ausweisung frei gewordenen Gebiete wurden durch Russen (Baltenstaaten und Ostpreußen), Polen (Ostpreußen, Schlesien, Ostbrandenburg und -pommern), Tschechen und Slowaken (Sudetenland) bevölkert	9 000 000 Menschen
Der Zwangsherrschaft in der Sowjetischen Besatzungszone entzog sich seit 1945 fast ein Viertel der Bevölkerung	3 700 000 Menschen
Aus Ungarn flohen während des Aufstandes 1956	175 000 Menschen
Jüdische Einwanderer in den 1948 gegründeten Staat Israel mehr als	1 000 000 Menschen

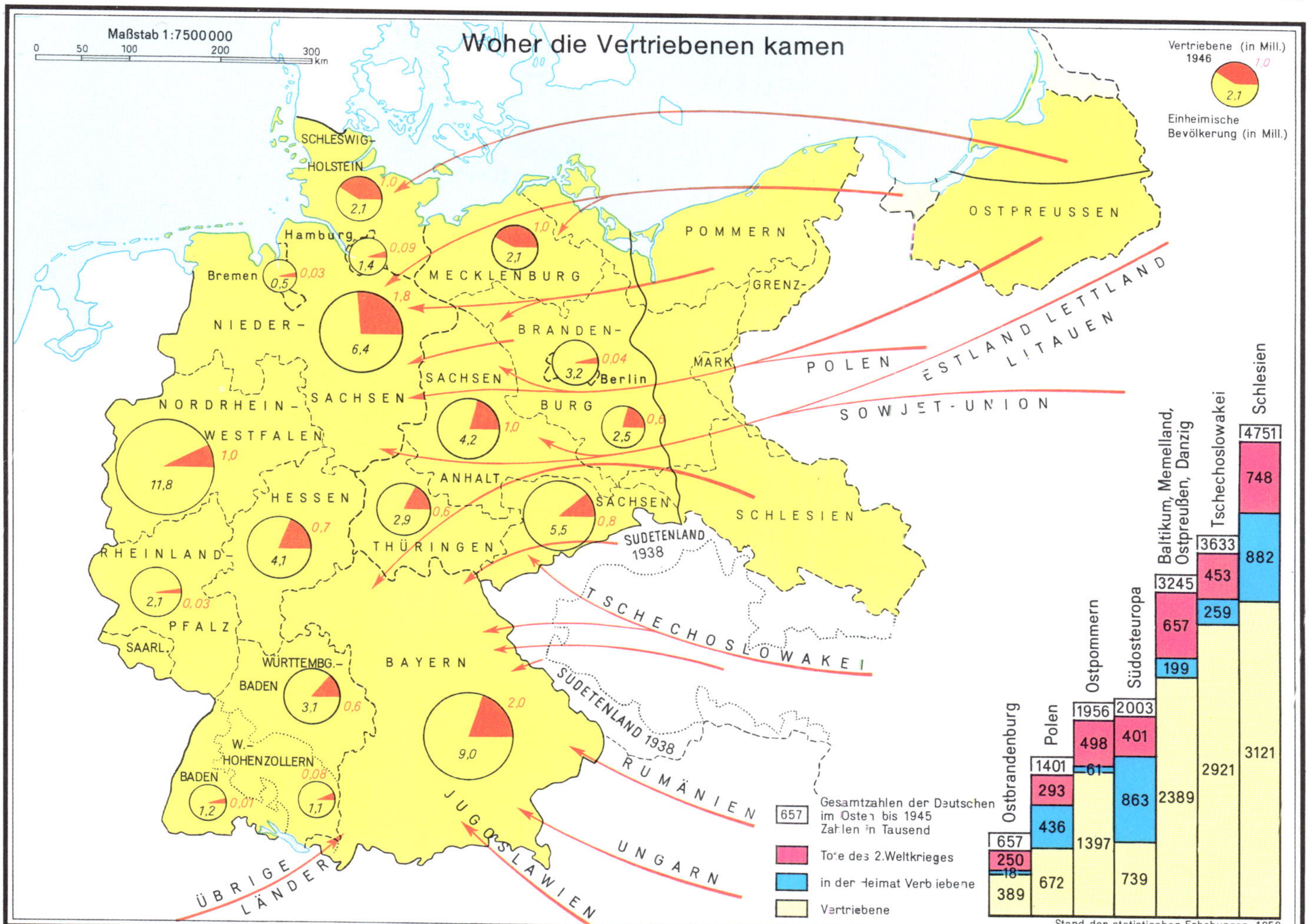

Maßstab 1:7500000
0 50 100 200 300 km
Woher die Vertriebenen kamen
Vertriebene (in Mill.) 1946
Einheimische Bevölkerung (in Mill.)
SCHLESWIG-HOLSTEIN
Hamburg
Bremen
NIEDER-SACHSEN
MECKLENBURG
BRANDENBURG
Berlin
SACHSEN-ANHALT
NORDRHEIN-WESTFALEN
HESSEN
THÜRINGEN
SACHSEN
RHEINLAND-PFALZ
SAARL.
WÜRTTEMBG.-BADEN
BAYERN
W.-HOHENZOLLERN
BADEN
POMMERN
OSTPREUSSEN
GRENZ-MARK
POLEN
ESTLAND LETTLAND LITAUEN
SOWJET-UNION
SCHLESIEN
SUDETENLAND 1938
TSCHECHOSLOWAKEI
RUMÄNIEN
UNGARN
JUGOSLAWIEN
ÜBRIGE LÄNDER
Gesamtzahlen der Deutschen im Osten bis 1945 Zahlen in Tausend
Tote des 2.Weltkrieges
in der Heimat Verblieben
Vertriebene
Ostbrandenburg 657 250 18 389
Polen 1401 293 436 672
Ostpommern 1956 498 61 1397
Südosteuropa 2003 401 863 739
Baltikum, Memelland, Ostpreußen, Danzig 3245 657 199 2389
Tschechoslowakei 3633 453 259 2921
Schlesien 4751 748 882 3121
Stand der statistischen Erhebungen: 1950

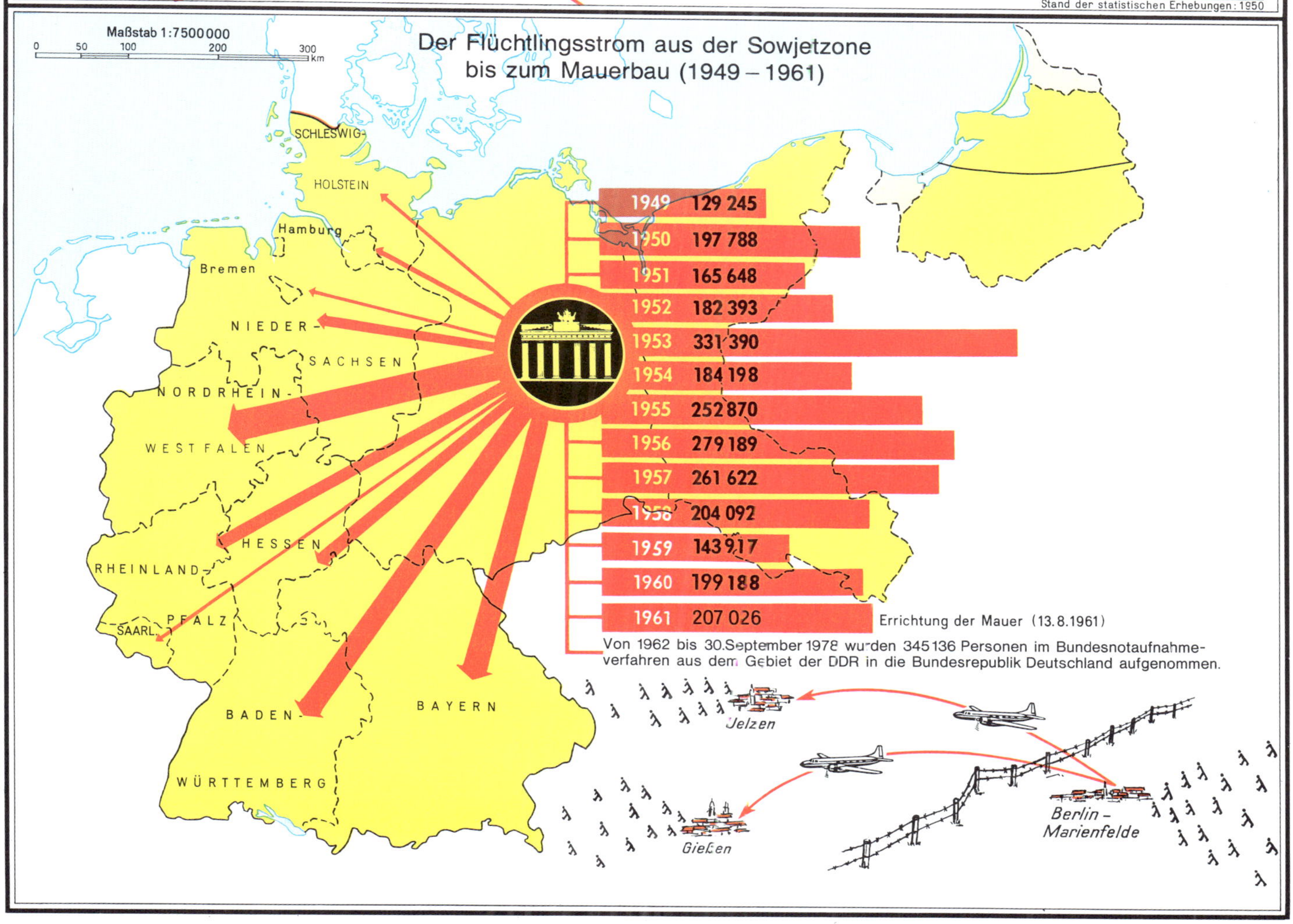

Maßstab 1:7500000
0 50 100 200 300 km
Der Flüchtlingsstrom aus der Sowjetzone bis zum Mauerbau (1949 – 1961)
SCHLESWIG-HOLSTEIN
Hamburg
Bremen
NIEDER-SACHSEN
NORDRHEIN-WESTFALEN
HESSEN
RHEINLAND-PFALZ
SAARL.
BADEN-WÜRTTEMBERG
BAYERN
1949 129 245
1950 197 788
1951 165 648
1952 182 393
1953 331 390
1954 184 198
1955 252 870
1956 279 189
1957 261 622
1958 204 092
1959 143 917
1960 199 188
1961 207 026
Errichtung der Mauer (13.8.1961)
Von 1962 bis 30.September 1978 wurden 345 136 Personen im Bundesnotaufnahmeverfahren aus dem Gebiet der DDR in die Bundesrepublik Deutschland aufgenommen.
Uelzen
Gießen
Berlin-Marienfelde

Charta der deutschen Heimatvertriebenen

Im Bewußtsein der Verantwortung vor Gott und den Menschen, im Bewußtsein ihrer Zugehörigkeit zum christlich-abendländischen Kulturkreis,
im Bewußtsein ihres deutschen Volkstums und in der Erkenntnis der gemeinsamen Aufgabe aller europäischen Völker
haben die erwählten Vertreter von Millionen Heimatvertriebenen nach Prüfung ihres Gewissens beschlossen, dem deutschen Volk und der Weltöffentlichkeit gegenüber eine feierliche Erklärung abzugeben, die die Pflichten und Rechte festlegt, welche die deutschen Heimatvertriebenen als ihr Grundgesetz und als unumgängliche Voraussetzung für die Herbeiführung eines freien und geeinten Europas ansehen.

1. Wir Heimatvertriebenen verzichten auf Rache und Vergeltung. Dieser Entschluß ist uns ernst und heilig im Gedanken an das unendliche Leid, welches im besonderen das letzte Jahrzehnt über die Menschheit gebracht hat.
2. Wir werden jedes Beginnen mit allen Kräften unterstützen, das auf die Schaffung eines geeinten Europas gerichtet ist, in dem die Völker ohne Furcht und Zwang leben können.
3. Wir werden durch harte, unermüdliche Arbeit teilnehmen am Wiederaufbau Deutschlands und Europas.

Wir haben unsere Heimat verloren. Heimatlose sind Fremdlinge auf dieser Erde. Gott hat die Menschen in ihre Heimat hineingestellt. Den Menschen mit Zwang von seiner Heimat trennen bedeutet ihn im Geiste töten.

Wir haben dieses Schicksal erlitten und erlebt. Daher fühlen wir uns berufen, zu verlangen, daß das Recht auf die Heimat als eines der von Gott geschenkten Grundrechte der Menschheit anerkannt und verwirklicht wird. Solange dieses Recht für uns nicht verwirklicht ist, wollen wir aber nicht zur Untätigkeit verurteilt beiseite stehen, sondern in neuen geläuterten Formen verständnisvollen und brüderlichen Zusammenlebens mit allen Gliedern unseres Volkes schaffen und wirken.

Darum fordern und verlangen wir heute wie gestern:

a) Gleiches Recht als Staatsbürger, nicht nur vor dem Gesetz, sondern auch in der Wirklichkeit des Alltags
b) Gerechte und sinnvolle Verteilung der Lasten des letzten Krieges auf das ganze deutsche Volk und eine ehrliche Durchführung dieses Grundsatzes
c) Sinnvollen Einbau aller Berufsgruppen der Heimatvertriebenen in das Leben des deutschen Volkes
d) Tätige Einschaltung der deutschen Heimatvertriebenen in den Wiederaufbau Europas.

Die Völker der Welt sollen ihre Mitverantwortung am Schicksal der Heimatvertriebenen als der vom Leid dieser Zeit am schwersten Betroffenen empfinden.

Die Völker sollen handeln, wie es ihren christlichen Pflichten und ihrem Gewissen entspricht.

Die Völker müssen erkennen, daß das Schicksal der deutschen Heimatvertriebenen wie aller Flüchtlinge ein Weltproblem ist, dessen Lösung höchste sittliche Verantwortung und Verpflichtung zu gewaltiger Leistung fordert.

Wir rufen die Völker und Menschen auf, die guten Willens sind, Hand anzulegen ans Werk, damit aus Schuld, Unglück, Armut und Elend für uns alle der Weg in eine bessere Zukunft gefunden wird.

Stuttgart, 5 August 1950

Deklaration

zur Charta der deutschen Heimatvertriebenen vom 5. August 1950

Vor zehn Jahren, als noch niemand voraussehen konnte, was aus Deutschland und aus uns deutschen Heimatvertriebenen würde, haben wir in unserer Charta – von unseren erwählten Vertretern unterzeichnet und verkündet – vor Gott und der Welt erklärt, was wir erlebten, was wir dachten und was wir erstrebten.

Millionen Menschen mußten zu dieser Zeit noch um die einfachsten und im Leben des einzelnen doch entscheidenden Dinge bangen und kämpfen, um ein Dach über dem Kopf, um Arbeit, um Brot.

Die geistig-moralische Not jener Zeit seit 1945, das soziale und wirtschaftliche Chaos, in das wir, unseres eigenen Willens beraubt, hineingetrieben wurden, ließen uns nicht verzweifeln. Wir wurden nicht zum sozialen Sprengkörper im politischen Spannungsfeld Europas.

Die Prüfungen und das Leid, das wir – wie heute Millionen Menschen anderer Völker – tragen mußten, prägten die festen, unverrückbaren Grundlagen unserer damaligen und gegenwärtigen Haltung. Wir wollen auch jetzt und künftig wie ehedem in die Heimat zurück. Wir sehen keinen Anlaß, unsere Haltung zu ändern, um so mehr als wir glauben, die Pflichten, die wir in der Charta auf uns nahmen, nach bestem Wissen und Gewissen beim Wiederaufbau Deutschlands und Europas erfüllt zu haben.

Wir anerkennen die Leistung des deutschen Volkes im Überwinden der Notstände. Sie stellt aber keineswegs die abgeschlossene Erfüllung der von uns vor zehn Jahren erhobenen sozial-wirtschaftlichen Forderungen dar.

Dem in manchem hektischen wirtschaftlichen Aufstieg der Bundesrepublik, den wir zwar als Lebensmöglichkeit der Bevölkerung würdigen, stehen wir kühl gegenüber, weil wir auch dessen Schattenseiten deutlich erkennen.

Die Not unserer Tage wird besonders klar an der noch immer nicht überwundenen Zerreißung Deutschlands, an der Unfreiheit unserer Schwestern und Brüder jenseits des Eisernen Vorhangs und an der Tatsache, daß noch immer mehr als hundert Millionen Menschen anderen Volkstums ostwärts von Deutschlands Grenzen wehrlos einem Terrorregime ausgeliefert sind.

In der Charta erklärten wir ein geeintes Europa, in dem die Völker ohne Furcht und Zwang leben können, als eines unserer grundlegenden Ziele. Heute wissen wir, daß dieses Ziel nur erreicht werden kann, wenn das in den Satzungen der Vereinten Nationen proklamierte Selbstbestimmungsrecht ohne Einschränkung allen Völkern zugestanden wird.

Wir bekennen uns daher heute erneut und feierlich zu den vor zehn Jahren in der Charta der deutschen Heimatvertriebenen aufgestellten Grundsätzen. Um ihrer Verwirklichung willen müssen wir heute fordern:

1. Das durch das internationale Recht und die Satzung der Vereinten Nationen verbürgte Selbstbestimmungsrecht hat für alle Völker zu gelten, also auch für das deutsche Volk. Seine Verwirklichung darf nicht Interessen anderer Staaten geopfert werden.

   Jedes Volk in der Welt muß das Recht haben, in voller Freiheit seine eigenen Werte zu bewahren, zu entwickeln und dadurch seinen Beitrag zur Kultur der Menschheit zu leisten.

2. Die Wiedervereinigung aller durch Willkür und Gewalt voneinander getrennten Teile Deutschlands ist trotz aller Hemmungen und trotz aller Widersände herbeizuführen. Dafür einzutreten und einzustehen, ist den deutschen Heimatvertriebenen ernsteste Verpflichtung.

In diesen Grundsätzen erblicken die deutschen Heimatvertriebenen die wichtigste Voraussetzung für einen dauerhaften und beglückenden Frieden in der Welt. Nur in ihm können sich Freiheit und Würde des Menschen behaupten. Ihm zu dienen, ist unser aller Aufgabe.

Stuttgart, 6. August 1960

DEUTSCHLAND

und die Deutschen in Ostmittel-, Ost- und Südosteuropa

Entwurf: Hartenstein-Kartographie, Bonn • Herstellung und Druck: Horst Ziethen Verlag, Köln •